Grundwissen StrafR BT

Hemmer/Wüst/Berberich

Hemmer/Wüst Verlagsgesellschaft

Hemmer/Wüst/Berberich/Hauburger, Grundwissen StrafR BT

ISBN 978-3-86193-594-0

6. Auflage 2017

gedruckt auf chlorfrei gebleichtem Papier
von Schleunungdruck GmbH, Marktheidenfeld

Inhaltsverzeichnis: Die Zahlen beziehen sich auf die Seiten des Skripts.

Vorwort

Das vorliegende Skript ist für Studenten in den ersten Semestern gedacht. Gerade in dieser Phase ist es sinnvoll, bei der Wahl der Lernmaterialien den richtigen Weg einzuschlagen. Auch in den späteren Semestern sollte man in den grundsätzlichen Problemfeldern sicher sein. Die „essentials“ sollte jeder kennen.

In diesem Theorieband wird Ihnen das notwendige Grundwissen vermittelt. Vor der Anwendung steht das Verstehen. Leicht verständlich und kurz werden die wichtigsten Rechtsinstitute vorgestellt und erklärt. So erhält man den notwendigen Überblick. Klausurtipps, Formulierungshilfen und methodische Anleitungen helfen Ihnen dabei, das erworbene Wissen in die Praxis umzusetzen.

Das Skript wird durch den jeweiligen Band unserer Reihe „die wichtigsten Fälle“ ergänzt. So wird die Falllösung trainiert. Häufig sind Vorlesungen und Bücher zu abstrakt. Das Wissen wird häufig isoliert und ohne Zusammenhang vermittelt. Die Anwendung wird nicht erlernt. Nur ein Lernen am konkreten Fall führt sicher zum Erfolg. Daher empfehlen wir parallel zu diesem Skript gleich eine Einübung des Gelernten anhand der Fallsammlung. Auf diese Fälle wird jeweils verwiesen. So ergänzen sich deduktives (Theorieband) und induktives Lernen (Fallsammlung). Das Skript Grundwissen und die entsprechende Fallsammlung bilden so ein ideales Lernsystem und damit eine Einheit.

Profitieren Sie von der über 40-jährigen Erfahrung des Juristischen Repetitoriums hemmer im Umgang mit juristischen Prüfungen. Unser Beruf ist es, alle klausurrelevanten Inhalte zusammen zu tragen und verständlich aufzubereiten. Die typischen Prüfungsinhalte wiederholen sich. Wir vermitteln Ihnen das, worauf es in der Prüfung ankommt – verständlich – knapp – präzise. Erfahrene Repetitoren schreiben für Sie die Skripten. Das know-how der Repetitoren hinsichtlich Inhalt, Aufbereitung und Vermittlung von juristischem Wissen fließt in sämtliche Skripten des Verlages ein. Lernen Sie mit den Profis!

Sie werden feststellen: Jura von Anfang an richtig gelernt, reduziert den Arbeitsaufwand und macht damit letztlich mehr Spaß.

Wir hoffen, Ihnen den Einstieg in das juristische Denken mit dem vorliegenden Skript zu erleichtern und würden uns freuen, Sie auf Ihrem Weg zu Ihrem Staatsexamen auch weiterhin begleiten zu dürfen.

Karl-Edmund Hemmer & Achim Wüst

§ 1 Einleitung

A. Einführung

I. Zum Skript

Das vorliegende Skript richtet sich an Studenten der ersten Semester. Es vermittelt einen Überblick über die Grundlagen und die zwischenprüfungsrelevanten Straftatbestände des Strafrechts Besonderer Teil (BT). Dabei soll Ihnen der Einstieg in die Thematik und der Erwerb des notwendigen Basiswissens aus dem Besonderen Teil erleichtert werden. Im Vordergrund strafrechtlicher Anfängerübungen steht allerdings meist der Allgemeine Teil (AT) des StGB. Gerade deswegen wird im Folgenden an geeigneter Stelle auch immer der Bezug zu den einschlägigen Vorschriften dieses Normkomplexes hergestellt. Einige Probleme und Straftatbestände des BT werden hingegen bewusst nicht vertieft, um den „Blick für das Wesentliche" zu schärfen. 1

Anmerkung: Zum Einüben und Vertiefen strafrechtlicher Fragestellungen im BT eignen sich insbesondere die Fallskripte Hemmer/Wüst - Die 44 wichtigsten Fälle für Strafrecht BT I und BT II.

II. Der Besondere Teil des Strafgesetzbuches

Typisiertes Unrecht

Der Besondere Teil des Strafgesetzbuches beschreibt in typisierter Form das mit Strafe bedrohte Verhalten in einzelnen Straftatbeständen. 2

Beispielsweise beinhaltet § 212 I StGB[1] das strafbewehrte Tötungsverbot und droht für den Fall der Zuwiderhandlung eine Freiheitsstrafe von mindestens fünf Jahren an. Die einzelnen Deliktstatbestände sagen also dem Normadressaten konkret, welches Verhalten mit welcher Sanktion belegt wird.

Die Straftatbestände des BT bestehen daher immer aus zwei Elementen, nämlich **Tatbestand** und **Rechtsfolge**.

---

[1] §§ ohne Angabe sind solche des StGB.

Tatbestandsseite

Auf der Tatbestandsebene wird das verbotene Verhalten (z.B.: „Tötung eines anderen Menschen“, § 212 I) bzw. gebotene Verhalten (z.B.: „Hilfeleistung bei Unglücksfällen“, § 323c) genauer umschrieben. 3

Rechtsfolgenseite

Auf Rechtsfolgenseite findet sich stets die entsprechende Strafandrohung. Bei einem Totschlag i.S.d. § 212 I hätte der Täter also eine Freiheitsstrafe von wenigstens fünf bis zu maximal fünfzehn Jahren zu erwarten, vgl. § 38 II. 4

Hingegen ordnet § 323c bei einer unterlassenen Hilfeleistung lediglich eine Freiheitsstrafe von bis zu einem Jahr oder eine Geldstrafe an. Aus § 38 II ergibt sich jedoch wiederum, dass das Mindestmaß der zeitigen Freiheitsstrafe von einem Monat nicht unterschritten werden darf.

hemmer-Methode: Lassen Sie sich an dieser Stelle nicht von der exakten Darstellung der Rechtsfolge des Totschlags bzw. der unterlassenen Hilfeleistung irritieren. Im Rahmen von strafrechtlichen Prüfungsaufgaben werden Ausführungen zum Strafrahmen des Delikts regelmäßig nicht erwartet. Dort geht es vielmehr um eine gelungene Subsumtion des Sachverhalts unter die jeweiligen Tatbestandsmerkmale. Auffallen sollte Ihnen aber bereits jetzt, dass sich die Frage nach dem Mindest- oder Höchstmaß einer Freiheitsstrafe nicht allein aus dem Straftatbestand im BT, sondern nur im Kontext mit den Normen des AT beantworten lässt. Der Gesetzgeber hat insoweit allgemeingültige Regeln dem BT vorangestellt.

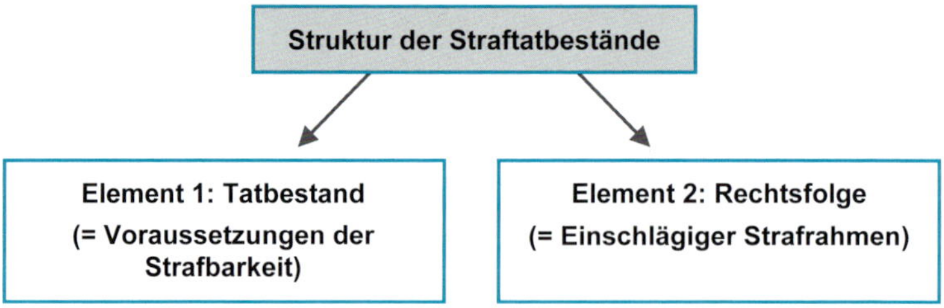

1. Verhältnis zum Allgemeinen Teil 5

Schwerpunkt der meisten strafrechtlichen Zwischenprüfungsklausuren bildet der Allgemeine Teil des StGB. Unverzichtbar ist deshalb das Verständnis des Zusammenspiels von AT und BT. Die wichtigste Erkenntnis sei hier gleich zu Anfang genannt: Beide Gesetzesteile stehen nicht isoliert nebeneinander. Vielmehr ergänzen sie sich und stehen in einem gegenseitigen Abhängigkeitsverhältnis.

Folgendes einfaches Beispiel soll dies verdeutlichen: 6

Bsp.: *T streift mit ihrem langen Wintermantel am Schreibtisch ihrer Arbeitskollegin O vorbei. Dabei erwischt sie versehentlich die Kaffeetasse der O. Die Tasse fällt zu Boden und zerbricht. Strafbarkeit von T?*

Jeder gutachtlichen Lösung ist ein Obersatz voranzustellen, der die folgende Frage beantworten muss:

„**Wer** hat **durch welches Verhalten** sich **wie strafbar** gemacht?“

Vorliegend ließe sich dementsprechend formulieren: „T könnte sich wegen einer Sachbeschädigung nach § 303 I strafbar gemacht haben, indem sie mit ihrem Mantel die Tasse der O streifte und diese zu Bruch ging.“

Hiernach wäre sodann zu untersuchen, ob T tatbestandsmäßig, rechtswidrig und schuldhaft gehandelt hat. Vor allem im subjektiven Tatbestand wird dabei das Verhältnis zwischen dem Allgemeinen und dem Besonderen Teil deutlich, denn § 303 I schweigt sich darüber aus, ob eine Sachbeschädigung auch fahrlässig begangen werden kann.

Ein Blick in die Vorschrift des § 15 hilft weiter. Diese Norm des AT besagt, dass fahrlässiges Handeln nur dann strafbar ist, wenn es im Gesetz – d.h. insbesondere im BT – ausdrücklich mit Strafe bedroht ist. Bezüglich einer Sachbeschädigung im Sinne des § 303 I ist dies gerade nicht der Fall. Folglich scheitert eine Bestrafung der T nach § 303 I am fehlenden Vorsatz.

Anmerkung: Zum allgemeinen Prüfungsaufbau von Straftatbeständen lesen Sie Hemmer/Wüst, Grundwissen Strafrecht AT, Rn. 36 ff.

Klammerprinzip

Wie gesehen greifen die Normenkomplexe ineinander über. 7
Der AT ist bildlich gesprochen **„vor die Klammer gezogen“** und muss im Rahmen der Prüfung eines Strafgesetzes aus dem BT berücksichtigt werden.

Das Klammerprinzip dient dazu, Wiederholungen zu vermeiden, was durch die Festlegung allgemeiner Grundsätze, welche die Anwendung der Vorschriften des BT präzisieren, gewährleistet wird.

2. Gesetzlichkeitsprinzip 8

„nullum crimen sine lege"

Bei der Anwendung und dem Umgang mit Strafgesetzen sollten Sie sich vor Augen führen, dass schon mit der bloßen Aufstellung strafbewehrter Verbote ein empfindlicher Eingriff in die von Art. 2 I GG garantierte allgemeine Handlungsfreiheit einhergeht.

Durch die Vollstreckung einer freiheitsentziehenden Strafe wird sogar die Unverletzlichkeit der Freiheit der Person tangiert. Strafrecht betrifft somit besonders grundrechtssensible Bereiche, weshalb es gerade dort, wo der Staat dem Bürger mit dem „scharfen Schwert" des Strafrechts begegnet, eines hohen Maßes an Rechtssicherheit und -klarheit bedarf. Daneben muss gewährleistet sein, dass die Entscheidung über das „Ob" der Strafbarkeit ausschließlich dem vom Volk legitimierten Gesetzgeber obliegt.

Diesem Umstand will § 1 Rechnung tragen, der den allgemein beachtlichen Grundsatz **„nulla poena sine lege"** (wörtlich: „Keine Strafe ohne Gesetz") festschreibt. 9

Dieses dem StGB vorangestellte Gesetzlichkeitsprinzip hat mit Art. 103 II GG grundrechtsgleiche Qualität erlangt. Dadurch wird dem Bürger garantiert, dass ein Verhalten nur dann strafbar ist, wenn es einen gesetzlichen Tatbestand erfüllt (sog. **Garantiefunktion** des Strafrechts). Zugleich werden dabei Strafbarkeitslücken bewusst in Kauf genommen, was mit dem **„fragmentarischen (oder bruchstückhaften) Charakter"** des Strafrechts umschrieben wird.

Anmerkung: Eine als solche empfundene Strafbarkeitslücke existierte beispielsweise im Bereich des „Stalking". Denn bis zur Einführung des Nachstellungstatbestands (§ 238) im März 2007 konnten unter Umständen wiederholte nächtliche „Terroranrufe" weder nach § 240 noch nach § 223 sanktioniert werden, da meist der erforderliche Nötigungs- bzw. Körperverletzungserfolg nicht nachgewiesen werden konnte.

Vier Ausprägungen des Gesetzlichkeitsprinzips

Das Gesetzlichkeitsprinzip impliziert in Konkretisierung dieser Aussagen vier verbindliche Grundsätze, nämlich das Schriftlichkeitsgebot, das Bestimmtheitsgebot, das Analogieverbot zu Lasten des Täters und schließlich das absolute Rückwirkungsverbot.

Ausprägungen des Gesetzlichkeitsprinzips

- **Schriftlichkeits-gebot**
- **Bestimmtheits-gebot**
- **Analogieverbot (zu Lasten des Täters)**
- **Rückwirkungs-verbot**

Schriftlichkeitsgebot

Das **Schriftlichkeitsgebot** stellt sicher, dass nur durch geschriebenes Gesetz eine Strafbarkeit begründet werden kann. Strafbarkeitsbegründung durch Gewohnheitsrecht ist deshalb unzulässig. Zugunsten des Täters ist eine Anwendung von Gewohnheitsrecht allerdings möglich – man denke insoweit nur an die rechtfertigende Einwilligung. 10

Bsp.: *Ein Richter kann Personen nicht mehr wegen gleichgeschlechtlichen Neigungen verurteilen, weil er der Ansicht ist, dass das Verbot der Homosexualität trotz seiner Abschaffung weiterhin gewohnheitsrechtlich fortgelte.*

Anmerkung: Die „Unzucht zwischen Männern" (§ 175 a.F.) war noch bis zum 10. März 1994 mit Strafe bedroht. Insgesamt wurden in der Vergangenheit ca. 140.000 Verurteilungen auf § 175 a.F. gestützt.

Bestimmtheitsgebot

Das **Bestimmtheitsgebot** legt fest, dass der Tatbestand eines Strafgesetzes so bestimmt und eindeutig eine Rechtsfolge anzudrohen hat, dass Strafbarkeit und Strafe sich für jeden Fall bereits dem Gesetz selbst entnehmen lassen. Dahinter steht folgender Sinn und Zweck: *„Jeder soll vorhersehen können, welches Verhalten mit welcher Strafe bedroht ist, um sein Verhalten entsprechend ausrichten zu können."* (BGHSt 37, 226-231 (230)). 11

Anmerkung: Ob der Bestimmtheitsgrundsatz verletzt ist, wird immer wieder bei dem Tatbestand der Untreue gemäß § 266 diskutiert. Zum Beispiel stellt sich die Frage, ob beim Bilden „schwarzer Kassen" durch Vorstände großer Unternehmen wirklich von einem Vermögensnachteil ausgegangen werden kann. Denn insgesamt dienen diese Gelder dazu, i.R.v. Bestechungen letztlich das Unternehmen wirtschaftlich besser zu stellen. Insoweit bejaht jedoch die Rechtsprechung einen Vermögensnachteil des jeweiligen Unternehmens und hält eine Bestrafung wegen Untreue der Vorstände für sachgerecht.

Dies hat das BVerfG gebilligt, solange der Schaden auch wirtschaftlich hinreichend bestimmt beziffert werden kann (vgl. NJW 2010, 3209-3221 = Life&Law 2011, Heft 1, 33-40, sowie bezüglich § 263 vgl. BVerfG, StrFo 2012, 27-32).

Bsp.: *Bestraft wird, wer eine Tat begeht, die nach dem allgemeinen Volksempfinden Bestrafung verlangt.*

Das Merkmal „allgemeines Volksempfinden" liefert keine exakte und eindeutige Umschreibung des jeweils verbotenen Verhaltens und genügt daher den Anforderungen des Bestimmtheitsgebots i.R.d. Strafrechts nicht.

hemmer-Methode: Die Anforderungen an die einzuhaltende Bestimmtheit der Voraussetzungen einer Vorschrift orientieren sich an den konkreten Rechtsfolgen. Da diese – wie erwähnt – im Strafrecht besonders grundrechtsintensiv sind, kommt der Einhaltung des Bestimmtheitsgrundsatzes gerade im Strafrecht eine besondere Bedeutung zu.

Analogieverbot ⇨ Auslegung

Das **Analogieverbot** besagt, dass die Anwendung einer Strafnorm zu Lasten des Täters über die Wortlautgrenze hinaus unzulässig ist. Dabei ist die verbotene Analogie von der stets erforderlichen Auslegung abzugrenzen, durch die der Anwendungsbereich einer Strafnorm festgelegt wird, indem dessen sprachliche Bedeutung ermittelt wird. Analogieverbot und (extensive) Wortlautauslegung stehen demnach in einem Spannungsverhältnis. 12

Anmerkung: Ein gutes Beispiel für die Bedeutung des Analogieverbots stellt BVerfG, NJW 2008, 3627-3629 (= Life&Law 2009, Heft 2, 102-108) dar. Dort hat das Gericht überzeugend dargelegt, dass die Subsumtion eines Personenkraftwagens unter den Begriff der „Waffe" den Wortlaut des § 113 II S. 2 Nr. 1 überspannt und deshalb mit Art. 103 II GG nicht in Einklang zu bringen ist.

Bsp.: *T manipuliert den Stromkasten seines Nachbarn, um sich die Energiekosten für die nächsten Monate zu sparen. Eines Tages fliegen die Machenschaften des T auf und der zuständige Staatsanwalt fragt sich, ob er die bei ihm eingegangene Strafanzeige wegen Diebstahls weiter verfolgen muss.*

Die Frage ist zu verneinen, denn die Entziehung elektrischer Energie lässt sich auch bei weitester Auslegung in Hinblick auf das Tatbestandsmerkmal der „Sache" nicht unter § 242 I subsumieren und ist demzufolge nicht als Diebstahl zu qualifizieren.

Eine entsprechende Anwendung des Diebstahlstatbestands verbietet sich wegen des Analogieverbots.

hemmer-Methode: An diesem Beispiel können Sie auch gut den fragmentarischen Charakter des Strafrechts erkennen. Selbst wenn man die Entziehung elektrischer Energie als strafwürdig empfindet, kann auf ein derartiges Verhalten strafrechtlich nur reagiert werden, wenn vor Begehung der Tat ein entsprechender Tatbestand existiert. Ist das nicht der Fall, so sind die dadurch entstehenden Strafbarkeitslücken vom Rechtsanwender zu akzeptieren.
Nur der Gesetzgeber kann diese schließen (Gewaltenteilungsgrundsatz, Art. 20 III GG). Die Entziehung elektrischer Energie ist mittlerweile in § 248c unter Strafe gestellt.

Rückwirkungsverbot

Das **Rückwirkungsverbot** besagt schließlich, dass die rückwirkende Schaffung von Strafgesetzen strikt verboten ist. 13

Bsp.: *Bis dato erfüllt das Rauchen in Gaststätten und öffentlichen Gebäuden keinen Straftatbestand. Der Gesetzgeber erlässt nun ein Strafgesetz, wonach auch alle den Strafverfolgungsbehörden bekannt gewordenen „Altfälle" nachträglich sanktioniert werden können.*

Die Erweiterung des Anwendungsbereichs des Strafgesetzes auf Fälle vor Inkrafttreten der Norm verstößt gegen das Rückwirkungsverbot.

3. Auslegung 14

Um überhaupt eine Aussage darüber treffen zu können, ob ein ganz bestimmtes Verhalten (z.B. ob eine „Ohrfeige" als Körperverletzung gemäß § 223 I strafbar ist) einen Tatbestand des StGB erfüllt, bedarf es stets der Auslegung der jeweiligen Tatbestandsmerkmale (z.B. „üble und unangemessene Behandlung" im Sinne des § 223 I).

Vier Auslegungsmethoden

Bei der Auslegung haben sich – zurückgehend auf die Methodenlehre von *Savigny* – bestimmte Regeln durchgesetzt:

a) Grammatikalische Auslegung 15

Ausgangspunkt der Auslegung ist die Orientierung am allgemeinen Wortsinn. Es gilt also zunächst die juristische bzw. umgangssprachliche Wortbedeutung eines Deliktsmerkmals zu ermitteln.

> ***Bsp.:*** *Elektrische Energie ist bereits mit Blick auf das allgemeine Wortverständnis nicht als „Sache" i.S.d. des § 242 I anzusehen, da man darunter nur „körperliche Gegenstände" versteht.*

b) Systematische Auslegung 16

Für die systematische Auslegung ist die Stellung der einzelnen Vorschrift im Gesetzestext entscheidend.

> ***Bsp.:*** *Aus der systematischen Stellung des § 266 im 22. Abschnitt des StGB ergibt sich, dass der vom Untreuetatbestand geforderte „Nachteil" ein Vermögensschaden sein muss.*

c) Historische Auslegung 17

Durch die historische Auslegung wird ein Strafgesetz im Lichte der Intention des Gesetzgebers und dessen Regelungsziel betrachtet.

> ***Bsp.:*** *Mit der Ersetzung des Begriffs „Fernmeldenetz" durch „Telekommunikationsnetz" in § 265a wollte der Gesetzgeber den Anwendungsbereich der Norm auf Telefax- und Rundfunkkabelnetze ausdehnen.*

hemmer-Methode: Die historische bzw. subjektive Auslegung spielt in der Klausur nur eine untergeordnete Rolle, da sich die gesetzgeberischen Motive meist nur anhand der Bundestag-Drucksache ermitteln lassen. Von Ihnen wird regelmäßig nicht die Kenntnis der jeweiligen Gesetzesbegründungen verlangt.

d) Teleologische Auslegung 18

Mit der besonders wichtigen und klausurrelevanten teleologischen Auslegungsmethode wird nach dem Sinn und Schutzzweck der Vorschrift gefragt, um so die Bedeutung der Tatbestandsmerkmale konkretisieren zu können. Die teleologische Auslegung (nach Sinn und Zweck) ist eng mit der Frage nach dem geschützten Rechtsgut verbunden und orientiert sich an dem gesetzgeberischen Grund für die Strafanordnung.

> ***Bsp.:*** *Eine Bestrafung des „Kannibalen von Rotenburg" wegen Störung der Totenruhe durch Essen von Leichenteilen hing insbesondere von dem Schutzumfang des § 168 I ab.*

Ginge man davon aus, dass die Vorschrift nur dem Schutz des postmortalen Persönlichkeitsrechts diene, hätte der BGH (NJW 2005, 1876-1879 = Life&Law 2005, Heft 8, 535 ff.) aufgrund des von dem Tatopfer erteilten Einverständnisses mit dem späteren Verzehr der Leichenteile das Merkmal Verübung „beschimpfenden Unfug(s)" verneinen müssen. Jedoch schützt § 168 ebenfalls das Pietätsgefühl der Allgemeinheit, weshalb das Einverständnis des Tatopfers nicht zum Tatbestandsausschluss führen und § 168 eingreifen konnte.

hemmer-Methode: Machen Sie sich an dieser Stelle erneut bewusst, dass jede Form der Auslegung ihre Grenze im Verbot der täterbelastenden Analogie findet, Art. 103 II GG. Außerdem ist hier nochmals die nicht zu unterschätzende Bedeutung des sicheren Umgangs mit dem Gesetzlichkeitsprinzip und den Auslegungsmethoden zu betonen. Schließlich handelt es dabei um das „Handwerkszeug" eines jeden Juristen. Insbesondere werden Ihnen die Klausurbearbeitung und das Verständnis von rechtlichen Meinungsstreitigkeiten enorm erleichtert, wenn Sie schon früh die vorgestellte Methodik beherrschen. Es lohnt sich deshalb umso mehr, die aufgezeigten Grundsätze zu verinnerlichen.

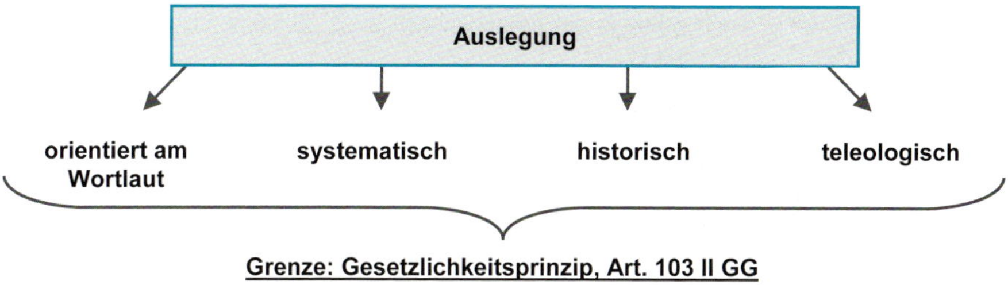

§ 2 Straftaten gegen Leib und Leben

A. Straftaten gegen das Leben 19

Anmerkung: Lehrreiche Übungsfälle zu den Tötungsdelikten finden Sie bei Hemmer/Wüst - Die 44 wichtigsten Fälle Strafrecht BT II, Fälle 1 bis 9.

I. Überblick 20

Die Straftaten gegen das Leben sind im 16. Abschnitt des StGB (§§ 211 - 222) geregelt.

Prüfungsrelevanz

Erfahrungsgemäß sind dabei die Straftatbestände der vorsätzlichen (§§ 212, 15) bzw. fahrlässigen (§ 222) Tötung und des Mordes (§ 211) wegen ihrer verhältnismäßig einfachen Struktur besonders prüfungsrelevant. Insbesondere lassen sich mittels der Tötungsdelikte hervorragend juristische Problemfelder aus dem AT-Bereich abfragen, wie beispielsweise Kausalitäts- oder Irrtumskonstellationen. Den Umgang mit den Straftaten gegen das Leben sollten Sie deshalb auch schon in der Anfangsphase Ihres Studiums sicher beherrschen.

Geschütztes Rechtsgut

Wie bereits die amtliche Überschrift des 16. Abschnitts des StGB unschwer erkennen lässt, schützen die §§ 211 ff. das höchste Rechtsgut unserer Rechtsordnung, namentlich das Leben. 21

Schutzobjekte

Abgestuft wird jedoch in zeitlicher Hinsicht: Das StGB differenziert in Bezug auf den Schutz des **geborenen** bzw. **ungeborenen Lebens**. Der strafrechtliche Schutz des geborenen Lebens wird von den Tötungsdelikten im engeren Sinne nach §§ 211, 212, 213, 216, 221, 222 gewährleistet. Das ungeborene Leben genießt hingegen mit Blick auf die Vorschriften zum Schwangerschaftsabbruch (§§ 218 – 219b) und deren Strafrahmen (meist nur als Vergehen ausgestaltet, § 12 II!) einen relativ geringen Schutz. 22

hemmer-Methode: Bevor Sie jetzt fortfahren, verschaffen Sie sich am Besten noch einmal einen Überblick über die §§ 211 ff. und lesen die Vorschriften kurz „quer“.

Schon aufgrund der stark unterschiedlichen Rechtsfolgen ist es von großer Bedeutung, ab welchem Zeitpunkt der Schutz durch die Tötungsdelikte im engeren Sinne eingreift.

Beginn des „Menschseins“

Ausgehend vom Wortlaut des Totschlagstatbestands kann taugliches Tatobjekt nur ein „Mensch“ sein. Das „Menschsein“ im strafrechtlichen Sinn beginnt mit dem Geburtsakt – konkret mit dem **Einsetzen der Eröffnungswehen**. 23

Ab diesem Moment sind insbesondere die §§ 211, 212, 222 einschlägig. Im Zivilrecht erlangt der Mensch dagegen erst mit der „Vollendung der Geburt“ Rechtsfähigkeit, vgl. § 1 BGB. Für alle anderen Einwirkungen auf die Leibesfrucht vor Geburtsbeginn gelten demzufolge die Normen zum strafbaren Schwangerschaftsabbruch.

Anmerkung: Der Beginn des Menschseins ist damit im Strafrecht anders als im Zivilrecht zu bestimmen. Merken Sie sich, dass dieselbe Begrifflichkeit in unterschiedlichen Kontexten durchaus unterschiedlich verstanden werden kann (sog. „hermeneutisches Prinzip“). Nach dem Willen des historischen Gesetzgebers sollte eine Tötung „bei der Geburt“ bereits von den §§ 211 ff. erfasst werden (sog. historische Auslegung).

Beachten Sie, dass die Zuordnung pränataler Eingriffe zu den §§ 211 ff. bzw. zu den §§ 218 ff. nach h.M. allein von dem Zeitpunkt abhängt, in dem die schädigende Handlung vorgenommen wurde. Auf den Eintritt des Todeserfolgs kommt es danach gerade nicht an. Dafür spricht insbesondere der Rechtsgedanke des § 8 S. 2, wonach es für die Anwendbarkeit deutschen Strafrechts ebenfalls nicht auf den Zeitpunkt des Erfolgseintritts ankommt. Demzufolge sind die §§ 218 ff. einschlägig, wenn z.B. ein Arzt ein die Leibesfrucht schädigendes Medikament vor der Geburt injiziert, ein lebendes Kind zur Welt kommt, dieses aber unmittelbar nach der Geburt verstirbt (vgl. BGHSt 31, 348-358 (352)). Da die §§ 218 ff. vorsätzliche Begehungsformen vorsehen, wäre ein solches Verhalten des Arztes, falls er lediglich fahrlässig handelte, hinsichtlich des Kindes straflos! Der historische Gesetzgeber nahm dies bewusst in Kauf, um einer ausufernden Anwendung der §§ 218 ff. vorzubeugen.

hemmer-Methode: Im Besonderen wollte der Gesetzgeber schwangere Frauen vor einer Strafverfolgung wegen fahrlässig verursachten Schwangerschaftsabbruchs schützen.

Ende des „Menschseins“

Das Ende des strafrechtlichen Lebensschutzes wird markiert 24
durch das irreversible Erlöschen der Hirntätigkeit (h.M.: sog. **„Hirntodkonzept“**).

Anmerkung: Früher stellte man traditionell auf den meist erst später eintretenden Herztod ab, was mit der Problematik verbunden war, dass mit lebensrettenden Transplantationen bis zum endgültigen Organstillstand gewartet werden musste. Um Organentnahmen unter den gesetzlichen Rahmenbedingungen (vgl. hierzu das Transplantationsgesetz) gewährleisten zu können, hat man sich heute für das Hirntodkonzept entschieden.

Nach dem Hirntod liegt kein taugliches Tatobjekt im Sinne der §§ 211 ff. mehr vor. Denkbar sind dann die §§ 168, 189 und in Ausnahmefällen können sogar die §§ 242, 303 eingreifen, wenn nämlich die Totensorgeberechtigten zu Forschungszwecken die Überführung des Leichnams an ein Institut der Anatomie angeordnet haben. In dieser Konstellation wird der leblose Körper von der h.L. als „fremde Sache“ behandelt (vgl. dazu Rn. 218).

Taugliches Tatobjekt / Abgrenzung

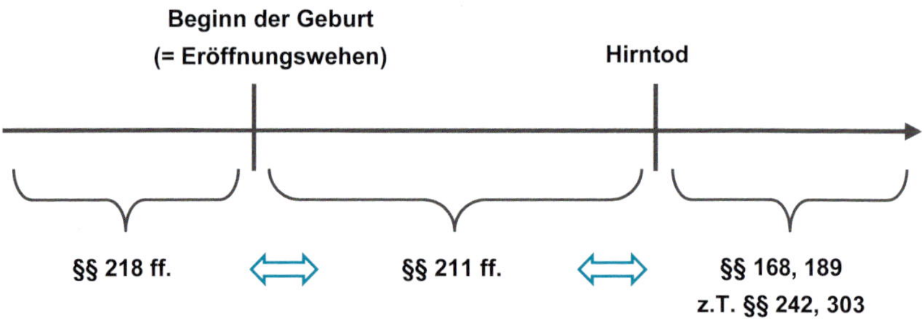

II. Totschlag, § 212 25

§ 212 ist die zentrale Strafnorm der Tötungsdelikte. Auf Tatbestandsebene ist die vorsätzliche Tötung eines Menschen erforderlich. Unter das Merkmal des „Menschen“ fallen jedoch nur **andere** Personen und nicht etwa der Täter selbst. Daraus ergibt sich, dass der Suizid bzw. Suizidversuch denknotwendig nicht bestraft werden kann. „Töten“ wird definiert als die objektiv zurechenbare Verursachung des Hirntodes.

hemmer-Methode: Aus dem oben Gesagten ergibt sich, dass auch eine Anstiftung oder Beihilfe zum „Selbstmord" grundsätzlich nicht strafbar ist. Denn die Strafbarkeit der Teilnahme folgt dem Grundsatz der „limitierten Akzessorietät", wonach die Strafbarkeit des Hintermanns abhängig ist vom Vorliegen einer vorsätzlichen und rechtswidrigen (nicht zwangsläufig schuldhaften!) Haupttat, vgl. §§ 26, 27. Der Suizid erfüllt jedoch – wie oben dargestellt – keinen Straftatbestand, weswegen hierzu auch keine Anstiftung oder Beihilfe möglich ist.
Als Besonderheit ist allerdings zu beachten, dass der Gesetzgeber sich dazu entschieden hat, die sog. „geschäftsmäßige Förderung zur Selbsttötung" gemäß § 217 I unter Strafe zu stellen.

1. Prüfungsschema, § 212 I 26

I. Tatbestand

1. ObjektiverTatbestand

a) Tod eines anderen Menschen

b) Tötungshandlung

c) Kausalität

d) Objektive Zurechnung

2. Subjektiver Tatbestand

⇨ Vorsatz bezüglich objektivem Tatbestand

II. Rechtswidrigkeit

III. Schuld

2. Totschlag und AT- Probleme 27

Mit dem Tatbestand des Totschlags sind in Lehre und Rechtsprechung vor allem zwei klassische Problemfelder verbunden. Zum einen wird intensiv die Frage diskutiert, wie eine strafbare **fremdbestimmte (Selbst-)Tötung** von einer straflos verursachten **eigenverantwortlichen Selbsttötung** abgegrenzt werden kann. Zum anderen herrscht im Schrifttum eine lebhafte Kontroverse über die Zulässigkeit der **Sterbehilfe** (sog. „Euthanasie"[2]).

a) Fremdtötung – Eigenverantwortliche Selbsttötung 28

Das Strafrecht hat die Aufgabe, vor Rechtsgutsbeeinträchtigung durch Dritte zu schützen.

2 Diese Begrifflichkeit bedeutet im Griechischen „schöner Tod".

Deshalb gibt es keine tatbestandliche Selbstverletzung, so dass eine Teilnahme an einer solchen „Tat" wegen des Akzessorietätserfordernisses ebenfalls nicht strafbar ist.

Eine Beteiligung am Suizid ist aber nur dann strafrechtlich irrelevant, wenn dieser **freiverantwortlich** vorgenommen wurde. Ergibt sich nach einer normativen Betrachtung hingegen, dass das Opfer bei der Vornahme der Tötungshandlung fremdbestimmt gewesen ist, muss insbesondere an eine mittelbare Täterschaft i.S.d. § 25 I Alt. 2 gedacht werden, die zu einer Bestrafung des Dritten aus §§ 212 I, 25 I Alt. 2 führen kann. Je nach Fallkonstellation kommt natürlich auch eine Strafbarkeit wegen Mordes oder Tötung auf Verlangen in Betracht.

Anmerkung: Zur Wiederholung der Täterschaftsformen lesen Sie Hemmer/Wüst, Grundwissen Strafrecht AT, Rn. 371 ff.

Die Fremdtötung in mittelbarer Begehungstäterschaft hat in diesen Grenzfällen grundsätzlich zwei wesentliche Voraussetzungen:

Tatherrschaft

Erstens muss der Täter die objektive **Tatherrschaft** (h.L.) über ein „menschliches Werkzeug" innehaben, so dass es entscheidend darauf ankommt, wer das tatbestandsmäßige Geschehen „in den Händen hält". Dies ist dann der Fall, wenn der Handelnde maßgeblich über das „Ob und Wie" der Tat entscheidet und damit die „Zentralgestalt" des Geschehensablaufs ist. 29

Freiverantwortlichkeit

Zweitens darf der Selbsttötungsentschluss des Suizidenten nicht auf einer **eigen- bzw. freiverantwortlichen Willensentscheidung** beruhen, weil dem Täter der eingetretene Todeserfolg ansonsten nach den allgemeinen Regeln nicht objektiv zugerechnet werden kann. 30

Kriterien

Umstritten ist, nach welchen Kriterien das Merkmal der „Eigenverantwortlichkeit" zu bestimmen ist. Dazu werden zwei Lösungsansätze vertreten:

Teile der Literatur: „Exkulpationslösung"

Teilweise wird in der Literatur vorgeschlagen, sich dabei an den **Exkulpationsregeln** der §§ 19, 20, 35 und § 3 JGG zu orientieren. Man müsse das Opfer gedanklich zum Täter werden lassen und sich fragen, ob der Sterbewillige für den Fall einer von ihm begangenen Fremdtötung selbst vorsätzlich und schuldhaft gehandelt hätte. 31

Kommt man bei diesem Gedankenspiel zu dem Ergebnis, dass sich der Suizident hierbei beispielsweise auf einen Entschuldigungsgrund berufen könnte, ist Eigenverantwortlichkeit nicht gegeben und der Weg zu einer Bestrafung des Dritten nach §§ 212 I, 25 I Alt. 2 frei.

H.M.: „Einwilligungslösung“

Die h.M. behilft sich mit einer Analogie zu den Regeln der **Einwilligung** unter Rückgriff auf den Maßstab für die „Ernstlichkeit des Verlangens“ gemäß § 216 I. Demgemäß ist eine Selbsttötung dann freiverantwortlich, wenn in der Person des Suizidenten für den Fall, dass nicht er selbst, sondern ein Dritter die Tötungshandlung vornimmt, die Voraussetzungen einer wirksamen Einwilligung vorliegen. 32

Insbesondere kommt es dann auf die Einwilligungsfähigkeit an. Einwilligungsfähig ist, wer nach seiner geistigen und sittlichen Reife im Stande ist, Bedeutung und Tragweite seines Rechtsgutsverzichts zu erkennen und sachgerecht zu beurteilen. Ist der Sterbewillige demnach nicht einsichtsfähig, kann bei Vorliegen der sonstigen Voraussetzungen wegen Totschlags in mittelbarer Täterschaft verurteilt werden.

Streitentscheidung

Die Vorzugswürdigkeit der „Einwilligungslösung“ ergibt sich aus dem Umstand, dass die Selbsttötung der in § 216 beschriebenen Situation insoweit ähnelt, als es in beiden Fällen um Entscheidungen des Rechtsgutsträgers selbst geht. Folglich ist es sachgerecht, die Grundsätze zur Einwilligung und zu § 216 über die Anforderungen an ein rechtlich relevantes Todesverlangen auf den Suizid zu übertragen.

Problemfeld „Eigenverantwortlichkeit“

Orientierung an §§ 19, 20, 35 sowie § 3 JGG

Orientierung an den Voraussetzungen für wirksame Einwilligung (= Einwilligungslösung, h.M.)

hemmer-Methode: Beachten Sie, dass der vorgestellte Meinungsstreit in ganz ähnlicher Form auch im Rahmen der Körperverletzungsdelikte geführt wird. Dort stellt sich die Frage, unter welchen Voraussetzungen eine „freiverantwortliche“ Selbstgefährdung seitens des Opfers vorliegt. Im Gutachten verorten Sie diese Problematik unter dem Prüfungspunkt der „objektiven Zurechnung“.

Zur Veranschaulichung der Abgrenzungsproblematik folgende beiden Beispielsfälle:

Mittelbare Täterschaft (+)

Bsp.: *Der Hausarzt T stellt bei seinem ungeliebten Patienten O bewusst eine falsche Krebsdiagnose in der Hoffnung, dass sich der labile O daraufhin umbringt. So geschieht es dann auch. Strafbarkeit des T?* 33

Kraft überlegenen Wissens ist T in der Lage, den O nach seinem Belieben zu steuern. Er besitzt daher die Tatherrschaft (Irrtumsherrschaft) über den sich im Defektzustand befindlichen Tatmittler, der aufgrund dessen die Selbsttötung begeht. Wegen des Irrtums über die Richtigkeit des Krebsbefundes fehlt O auch die nach der „Einwilligungslösung" erforderliche Einsichtsfähigkeit, was die Freiverantwortlichkeit seines Handelns ausschließt. Folglich hat T sich wegen Totschlags in mittelbarer Täterschaft nach §§ 212 I, 25 I Alt. 2 strafbar gemacht.

Mittelbare Täterschaft (-) ⇨ straflose Teilnahme

Bsp.: *T überreicht der sterbewilligen O auf ihren Wunsch ein mit tödlichem Gift gefülltes Glas Wein. O trinkt das Gemisch und wird zunächst bewusstlos. Nach wenigen Stunden verstirbt sie. Strafbarkeit des T?* 34

Da T nicht die Tatherrschaft über den unmittelbar lebensbeendenden Akt (Gifteinnahme) innehat, scheidet sowohl eine unmittelbare als auch eine mittelbare Begehungstäterschaft aus. Der Suizid der O ist schon objektiv tatbestandslos, so dass eine Strafbarkeit wegen Beihilfe zum Totschlag (§§ 212 I, 27 I) ebenfalls zu verneinen ist.

Denkbar ist noch eine Unterlassungstäterschaft aus §§ 212 I, 13 I (Ingerenz!), wenn man in Einklang mit der vereinzelt von der Rechtsprechung vertretenen Auffassung ab Eintritt der Bewusstlosigkeit einen Tatherrschaftswechsel annimmt und T eine Rettungspflicht auferlegt. Die h.L. lehnt dies unter Verweis auf einen Wertungswiderspruch ab, denn das Urteil der Straflosigkeit der Teilnahme an einer eigenverantwortlichen Selbsttötung darf nicht durch die Konstruktion einer Sonderverantwortlichkeit aus Ingerenz rückgängig gemacht werden.

In derartigen Fällen käme schließlich noch eine Strafbarkeit gemäß § 323c in Betracht, solange man den Suizidversuch als „Unglücksfall" qualifiziert (strittig). Unabhängig davon müsste die h.L. jedenfalls die „Zumutbarkeit" einer entsprechenden Rettungspflicht verneinen, wenn im Vorfeld (straflos) Hilfe zum Suizid geleistet wurde. Sonst entstünde ein entsprechender Wertungswiderspruch.

Anmerkung: Straflos ist dann natürlich auch die fahrlässige Mitverursachung der freiverantwortlichen Selbsttötung. Denn Verhaltensweisen, die selbst bei vorsätzlicher Begehungsweise nicht strafbar sind, müssen im Falle der bloßen Fahrlässigkeit erst recht straflos sein.

Das gilt z.B. dann, wenn T vergisst, den Arzneischrank mit Schlaftabletten abzuschließen, obwohl er weiß, dass seine Ehefrau O stark suizidgefährdet ist und diese sich mittels der Schlaftabletten umbringt. Eine Strafbarkeit wegen § 222 scheidet schon deshalb (mangels objektiver Zurechnung) aus, weil T straflos die Schlaftabletten hätte reichen dürfen. Zur Vertiefung der Suizidproblematik lesen Sie die detaillierten Ausführungen in Hemmer/Wüst, Strafrecht BT II, Rn. 9 ff.

Wie Ihnen aufgefallen sein dürfte, können die „Selbsttötungsfälle" sehr schwierig und vielschichtig werden. Das nachstehende Schema soll Ihnen in der Klausur daher eine kleine Hilfestellung geben. 35

Ausgangssituation:

„Opfer nimmt Tötungshandlung selbst vor"

Schritt 1: Kommt eine mittelbare Täterschaft in Betracht? ⇨ Voraussetzungen: *Vorsatz* und *Tatherrschaft des Dritten* und *keine Freiverantwortlichkeit beim Opfer*

Schritt 2: Falls Voraussetzungen (-) ⇨ grds. *straflose Teilnahme am Suizid*, im Einzelfall an § 217 I bzw. §§ 212 I, 13 oder § 323c denken

b) Sterbehilfe (Euthanasie) 36

Zu einem der schwierigsten strafrechtlichen Probleme rund um den Tatbestand des Totschlags zählt die juristische Behandlung der Sterbehilfe. Im Folgenden geht es um die Vermittlung eines groben Überblicks über die Thematik.

Im Allgemeinen unterscheidet man drei Formen der Euthanasie: die aktive, passive und indirekte Sterbehilfe.

Aktive Sterbehilfe

Unter **aktiver Sterbehilfe** versteht man jede durch aktives Tun herbeigeführte Lebensverkürzung. Sie ist je nach Sachlage grundsätzlich gemäß § 212 I, § 211 II oder § 216 I strafbar. 37

> **Bsp.:** *Die todkranke O bittet ihren Sohn T, sie von ihren Qualen zu erlösen. Eines Tages verabreicht T seiner Mutter ein tödlich wirkendes Gift. Strafbarkeit des T?*
>
> Geht man davon aus, dass T von O durch deren ausdrückliches und ernstliches Verlangen zur Tötung bestimmt worden ist, macht er sich nach § 216 I strafbar.

Aus § 216 lässt sich auch die Wertung entnehmen, dass eine Einwilligung der O ausnahmsweise keine rechtfertigende Wirkung erzeugt. Das „Leben“ ist damit grundsätzlich ein indisponibles Individualrechtsgut.

Sonderfall: Behandlungsabbruch

Einen Sonderfall stellt insoweit allerdings der sog. **„Behandlungsabbruch“** dar. Es geht dabei insbesondere um Fälle von Komapatienten mit irreparablen Hirnschäden, die künstlich am Leben gehalten werden. Der BGH hat diese besondere Fallgruppe geschaffen, da gerade beim Abbruch einer lebenserhaltenden medizinischen Behandlung (z.B. Abschalten eines Respirators oder Entfernung einer Ernährungssonde) häufig eine trennscharfe Abgrenzung von Tun und Unterlassen normativ nur schwer möglich ist.

Zudem macht § 1901a III BGB den gesetzgeberischen Willen hinreichend deutlich, dass dem Patientenwillen eine besondere Bedeutung zukommt, auch wenn dieser später seinen Willen nicht mehr aktuell kundtun kann. Vor diesem Hintergrund erscheint es sachgerecht, in der Sondersituation des „Behandlungsabbruchs“ ausnahmsweise eine rechtfertigende Einwilligung für möglich zu erachten.

Die Kriterien für eine wirksame Einwilligung im Rahmen eines „Behandlungsabbruchs“ ergeben sich aus den Begriffen „Sterbehilfe“ sowie „Behandlungsabbruch“ vor dem Hintergrund der verfassungsrechtlichen Ordnung. Folgende Voraussetzungen sind beachtlich:

⇨ die betroffene Person muss lebensbedrohlich erkrankt sein und die betreffende Maßnahme, welche unterbrochen wird, muss medizinisch zur Erhaltung bzw. Verlängerung des Lebens geeignet sein

⇨ die durch Einwilligung gerechtfertigte Handlung muss objektiv wie subjektiv unmittelbar auf eine medizinische Behandlung im obigen Sinn bezogen sein (sog. „Behandlungsbezug“)

⇨ das Handeln muss sich darauf beschränken, einen Zustand (wieder-)herzustellen, der einem bereits begonnenen Krankheitsprozess seinen Lauf lässt, so dass der Patient letztlich dem Sterben überlassen wird; dies muss dem Patientenwillen entsprechen

⇨ die dargelegten Grundsätze sind nicht auf das Handeln der den Patienten behandelnden Ärzte sowie Betreuer und Bevollmächtigte beschränkt, sondern kann auch das Handeln Dritter erfassen, soweit sie als von dem Arzt, dem Betreuer oder dem Bevollmächtigten für die Behandlung oder Betreuung hinzugezogene Hilfspersonen tätig werden

Anmerkung: Angesichts dieser Rechtsprechung kann nicht mehr davon gesprochen werden, dass das Rechtsgut Leben indisponibel ist. Zwar ist dies weiterhin der Grundsatz, allerdings nicht mehr ausnahmslos, vgl. Urteil des BGH, NJW 2010, 2963-2968 = Life&Law 2010, Heft 10, 681-687.

Hintergrund dieser Rechtsprechung ist, dass herkömmlicherweise nur eine passive Sterbehilfe straffrei möglich ist (s.u.). Demzufolge war bis zu oben genannter Rechtsprechung ein Behandlungsabbruch nur straffrei möglich, wenn der behandelnde Arzt den Behandlungsabbruch durchführte oder durchführen ließ. Denn nur für ihn stellt das Unterlassen der Weiterbehandlung bei wertender Betrachtung ein Unterlassen dar.

Dritte hingegen, welche den Behandlungsabbruch durchführten, waren demzufolge ausnahmslos gemäß § 216 I bzw. § 212 I zu bestrafen. Allerdings erscheint dies dann unbillig, wenn beispielsweise ein Arzt pflichtwidrig einen Behandlungsabbruch unterlässt. Dann kann der Fall so gelagert sein, dass dem Patientenwillen nur dadurch zeitnah entsprochen werden kann, wenn der „Behandlungsabbruch" etwa von einem Angehörigen unmittelbar selbst vorgenommen wird. In einem solchen Fall wäre eine Bestrafung des Angehörigen unsachgerecht, so dass der BGH sich zu einer Fortentwicklung seiner Rechtsprechung entschloss.

Anmerkung: Beachten Sie aber, dass Angehörige nicht ohne weiteres nunmehr selbständig einen Behandlungsabbruch straffrei durchführen können. Denn es muss erwiesen sein, dass dies dem Patientenwillen auch wirklich entsprach. Demzufolge hat der BGH in einer Folgeentscheidung ausdrücklich festgestellt, dass die Rechtfertigung eines Behandlungsabbruchs aufgrund rechtfertigender Einwilligung des Patienten grundsätzlich die Einhaltung der verfahrensrechtlichen Vorgaben gemäß § 1901a BGB voraussetzt, vgl. BGH, NJW 2011, 274-276 = Life&Law 2011, Heft 5, 315-322.

Indirekte Sterbehilfe

Von **indirekter Sterbehilfe** ist schließlich die Rede, wenn es im Rahmen einer Schmerzlinderung als möglich vorhergesehene, aber unvermeidliche Nebenfolge zum Tod des Sterbenden kommt. Diese **Unterform der aktiven Sterbehilfe** wird grundsätzlich als zulässig angesehen. Es handelt sich dabei um eine verfassungsrechtlich gebotene Ausnahme von der grundsätzlichen Strafbarkeit der Tötung auf Verlangen. *38*

Lebhaft umstritten ist die dogmatische Begründung. Selbst in der Literatur geht das Meinungsspektrum weit auseinander. Es reicht von der Annahme einer fehlenden Rechtsgutsverletzung bis hin zu einer Rechtfertigung nach § 34. Letzteren Weg hat auch der BGH beschritten und bei der Interessenabwägung für ein Überwiegen des Schmerzlinderungsinteresses plädiert.[3]

> ***Bsp.:*** *O leidet an einer unheilbaren und qualvollen Tumorerkrankung. Während des Sterbeprozesses bittet O ihren Hausarzt T, ihr ein starkes Schmerzmittel zu verabreichen. T verabreicht seiner Patientin daraufhin hochdosiert Morphin, was als unvermeidbare Nebenfolge zu einer massiven Atemdepression und letztlich zum Tod der O führt.*

Passive Sterbehilfe

Passive Sterbehilfe ist das Sterbenlassen durch Verzicht auf lebensverlängernde Maßnahmen bei Sterbenden (sog. „Moribunden") oder irreversibel Bewusstlosen. *39*

In dieser Fallgruppe kann ein Tötungsdelikt nur durch ein Garantenunterlassen i.S.d. § 13 I verwirklicht werden. Nichtvornahme einer lebensverlängernden Maßnahme (Reanimation) oder Behandlungsabbruch (z.B. Abstellen eines Beatmungsgerätes) ist trotz der Sonderverantwortlichkeit des Arztes erlaubt, wenn sie mit Einwilligung oder mutmaßlicher Einwilligung des Patienten geschieht.

Das Selbstbestimmungsrecht des Patienten (Art. 2 I GG) setzt der an sich bestehenden Garantenpflicht des Arztes also eine rechtliche und tatsächliche Grenze.

Zur Ermittlung des Patientenwillens kann eine Patientenverfügung als Indiz herangezogen werden. Die Einwilligungssperre des § 216 I greift hier nicht ein. Der Patient muss sich schließlich keine Behandlung „aufnötigen" lassen (Art. 2 I GG).

[3] Vgl. BGHSt 43, 300-306 (301) = **juris**byhemmer.

Vielmehr kann unter Umständen die Ignoranz des defektfreien Patientenwillens sogar zu einer Bestrafung des Behandelnden wegen Körperverletzung gemäß § 223 I führen.

Bsp.: *O hinterlegt bei ihrem Hausarzt ein Patiententestament, in dem sie wünscht, im Falle einer Reanimationssituation nicht an eine Herz-Lungen-Maschine angeschlossen zu werden. Als eines Tages die reanimationspflichtige O auf der Intensivstation des Arztes T eintrifft, verfährt T im Sinne der O. O stirbt wenig später. Strafbarkeit von T?*

T kann hier nicht wegen Totschlags durch Unterlassen (§§ 212 I, 13 I) zur Verantwortung gezogen werden. Die Nichtaufnahme der Behandlung entspricht dem zu respektierenden Willen der O und ist nach den Grundsätzen zur passiven Sterbehilfe gänzlich straflos.

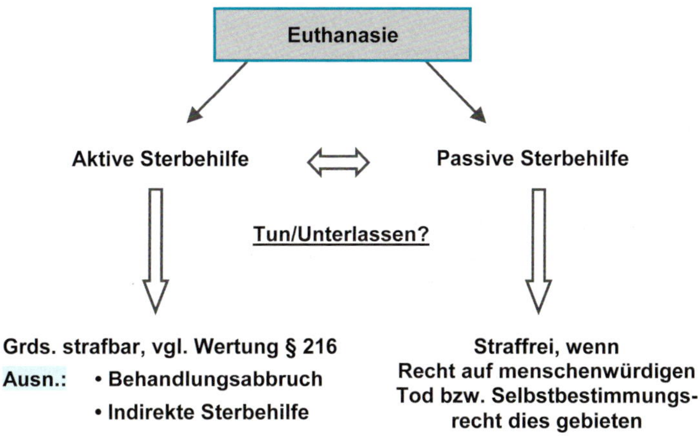

Anmerkung: Wenn Sie sich intensiver mit der Komplexität und Vielschichtigkeit der Euthanasiethematik auseinandersetzen wollen, vertiefen Sie Ihre Kenntnisse anhand von Hemmer/Wüst, Strafrecht BT II, Rn. 27 ff.

III. Mord, § 211 *40*

Die Vorschrift des § 211 wertet die Tötung eines anderen Menschen unter den in Absatz 2 genannten Bedingungen als Mord. Das Mordverbrechen ist der einzige Straftatbestand im deutschen StGB, der auf Rechtsfolgenseite **ausschließlich** eine lebenslange Freiheitsstrafe anordnet.

Zwar kommt auch im Falle eines Raubes mit Todesfolge eine lebenslange Freiheitsstrafe in Betracht (§ 251). Je nach Schwere der Schuld – vgl. § 46 I – kann aber nach § 251 (anders als bei § 211) auch eine Freiheitsstrafe von nicht unter zehn Jahren verhängt werden.

Absolute Strafandrohung

Nach dem BVerfG[4] muss trotz der absoluten Strafandrohung die Bestrafung des Täters in einem angemessenen Verhältnis zur Schwere der Tat und dem Maß der Schuld stehen. Die Respektierung des Übermaßverbots auch im Bereich des Mordes gebietet der aus dem Rechtsstaatsprinzip (Art. 20 III GG) abgeleitete Verhältnismäßigkeitsgrundsatz. Verfassungsgemäß ist die Verhängung einer lebenslangen Freiheitsstrafe nur, wenn diese im Einzelfall auch **„schuldangemessen"** ist. 41

Um den verfassungsrechtlichen Anforderungen gerecht zu werden, sind in Rechtsprechung und Schrifttum unterschiedliche Lösungswege entwickelt worden.

BGH: „Strafzumessungslösung"

Die Rechtsprechung arbeitet zum Teil mit einer **„Rechtsfolgenlösung"**, wonach bei Vorliegen von außergewöhnlichen Umständen (z.B. notstandsähnliche Tatsituation - Stichwort: „Haustyrannenfälle", vgl. BGHSt 48, 255-263) von der Anordnung der lebenslangen Haftstrafe abgesehen werden kann und stattdessen entsprechend § 49 I Nr. 1 auf eine Freiheitsstrafe nicht unter drei Jahren zu erkennen ist. Zuvor sind jedoch sonstige Möglichkeiten auszuloten, um eine schuldunangemessene Bestrafung zu vermeiden. Insbesondere geht eine verfassungskonform restriktive Auslegung der Mordmerkmale der „Rechtsfolgenlösung" vor. 42

Teil der Literatur: „Typenkorrektur"

In der Lehre wird hingegen teilweise versucht, der mit der unflexiblen Rechtsfolge des § 211 I verknüpften Anwendungsproblematik dadurch zu begegnen, dass über eine restriktive Interpretation der Mordmerkmale hinaus eine sog. **„Typenkorrektur"** vorgenommen wird. 43

Hiernach muss allen Mordfällen nach einer Gesamtwürdigung aller relevanten Tatumstände das Merkmal der sozialethisch **besonderen Verwerflichkeit** anhaften.

---

[4] Vgl. BVerfGE 45, 187-217 = **juris**byhemmer.

Dabei verlangt die **positive** Ausprägung der Lehre von der Typenkorrektur, dass die besondere Verwerflichkeit der Tat in jedem Einzelfall positiv festgestellt wird. Nach der Lehre von der **negativen** Typenkorrektur soll es dem Tatrichter unbenommen sein, im Wege einer Gesamtwürdigung der Tat die indizielle Wirkung der Mordmerkmale aufgrund fehlender Verwerflichkeit ausnahmsweise zu entkräften.

Streitentscheidung

Das Prinzip der Typenkorrektur ist nur schwer mit dem Bestimmtheitsgebot (Art. 103 II GG) in Einklang zu bringen und wird von weiten Teilen der Literatur deshalb zu Recht abgelehnt. Im Wortlaut des § 211 II findet sich gerade kein Anhaltspunkt für die Annahme einer bloß indiziellen Bedeutung der Mordmerkmale. Daher ist der Rechtsprechung zu folgen. Demzufolge sind die Mordmerkmale stets verfassungskonform restriktiv auszulegen. Ausnahmsweise kann auf die „Rechtsfolgenlösung“ zurückzugreifen sein.

Verfassungsrechtliche Anforderungen an § 211:

Teil der Literatur:
⇨ **„Typenkorrektur“**

h.M. / BGH:
⇨ **Verfassungskonforme restriktive Auslegung**
⇨ **Hilfsweise: „Rechtsfolgenlösung“**

hemmer-Methode: In der Fallbearbeitung stellt sich die dargestellte Problematik meist beim Merkmal der Heimtücke oder der Verdeckungsabsicht.

1. Verhältnis Mord - Totschlag 44

§ 211 ⇔ § 212

Bis heute ist das Verhältnis des § 211 zum § 212 zwischen Rechtsprechung und Schrifttum umstritten.

BGH: „zwei selbstständige Tatbestände“

Nach der bisherigen ständigen Rechtsprechung des BGH sind Mord und Totschlag **zwei voneinander unabhängige Tatbestände** mit jeweils unterschiedlichem Unrechtsgehalt. 45

Als Argumente werden dafür vor allem der Wortlaut des § 212 I („ohne Mörder zu sein") und die systematische Stellung der beiden Normen vorgebracht (§ 211 vor § 212). Nach diesem Verständnis wirken die Mordmerkmale strafbarkeits*begründend*.

Anmerkung: In der sog. „Blutracheentscheidung" (vgl. NJW 2006, 1008-1013 = Life&Law 2006, Heft 7, 463-469) hat der BGH sich indes selbst kritisch zur Anwendung von § 28 I geäußert. Zu einer Rechtsprechungsänderung kam es indes (bisher) trotzdem nicht.

H.L.: „§ 211 ist Qualifikationstatbestand"

Die strafrechtliche Literatur ist hingegen nahezu einmütig der Auffassung, bei § 211 handele es sich um eine **Qualifikation** zu § 212. Mordmerkmale haben demzufolge strafschärfende Funktion. Für die h.M. spricht, dass in beiden Tatbeständen dasselbe Rechtsgut durch dieselbe Art der Beeinträchtigung verletzt wird. *46*

Darüber hinaus hat der Gesetzgeber den Mord nur vor dem Totschlag geregelt, um das Delikt mit dem größten Unwertgehalt voranzustellen, nicht aber weil er das Verhältnis beider zueinander präjudizieren wollte.

hemmer-Methode: Grundsätzlich ist die genaue dogmatische Einordnung einer Vorschrift nicht abstrakt im Gutachten zu erörtern, vielmehr ergibt sich bereits aus dem Aufbau, welche Ansicht der Bearbeiter bevorzugt. Nur wer der h.L. folgt, darf etwa die §§ 212 I, 211 II in einem Obersatz zitieren. Denn eine solche „kombinierte" Prüfung ist nach h.M. nur im Verhältnis „Grundtatbestand/Qualifikation" möglich. Der Streit um die dogmatische Einordnung des § 211 wirkt sich jedoch dann unmittelbar auf das Ergebnis der Falllösung aus, wenn mehrere Beteiligte handeln und persönliche Mordmerkmale eine Rolle spielen. Denn dann ist zu klären, ob **§ 28 I oder § 28 II** zur Anwendung kommt. Siehe dazu unten Rn. 74 ff.

2. Prüfungsschema nach h.L., §§ 212 I, 211 II *47*

I. Tatbestand

1. ObjektiverTatbestand

a) Objektiv zurechenbare Tötung eines anderen Menschen i.S.d. § 212 I

b) Tatbezogene Mordmerkmale der 2. Gruppe des § 211 II

2. Subjektiver Tatbestand

a) Vorsatz bezüglich **a)** und **b)**

b) Täterbezogene Mordmerkmale der 1. und 3. Gruppe des § 211 II

II. Rechtswidrigkeit

III. Schuld

3. Die einzelnen Mordmerkmale 48

Der Mordtatbestand (§ 211 II) lässt sich in drei Gruppen einteilen.

Täterbezogene Merkmale der 1. und 3. Gruppe

Die 1. und 3. Gruppe erfasst Fälle, in denen die Tötung aus einem besonders verwerflichen Beweggrund bzw. einer verwerflichen Zielsetzung heraus begangen wird. 49

Diese Merkmale betreffen innere Vorgänge beim Täter und sind folgerichtig subjektive Deliktsmerkmale. In Bezug auf die Teilnahme ist vor allem bedeutsam, dass es sich bei den Merkmalen der 1. und 3. Gruppe um besondere persönliche – d.h. **täterbezogene** – Merkmale i.S.v. § 28 handelt.

hemmer-Methode: Teilweise werden die Merkmale der 1. und 3. Gruppe als Schuldmerkmale qualifiziert, so dass bei mehreren Beteiligten statt § 28 die Vorschrift § 29 anzuwenden wäre. Diese Auffassung hat sich jedoch nicht durchgesetzt, da bereits die Existenz speziell schuldsteigernder Tatbestandsmerkmale per se bestritten wird.

Tatbezogene Merkmale der 2. Gruppe

Von den täterbezogenen Merkmalen müssen die objektiv geprägten Merkmale der 2. Gruppe scharf getrennt werden. 50
Diese beschreiben eine besonders menschenunwürdige Tatbegehung und sind im objektiven Tatbestand zu prüfen, auch wenn die Definitionsmerkmale teilweise subjektive Komponenten beinhalten. § 28 gilt hier nicht, weil die Merkmale der 2. Gruppe lediglich **tatbezogen** sind.

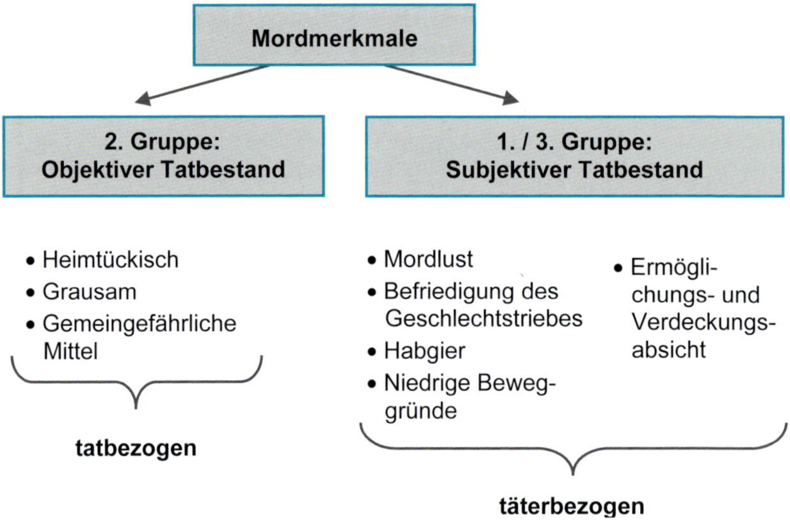

a) Tatbezogene Mordmerkmale (2. Gruppe) 51

2. Gruppe

Gemeinsam ist allen drei Merkmalen der 2. Gruppe, dass eine bestimmte Art und Weise der Tatbegehung als besonders verwerflich eingestuft wird. Da es sich um objektive Tatbestandsmerkmale handelt, muss sich der Vorsatz darauf erstrecken, vgl. § 16 I S. 1.

aa) Heimtücke 52

Def.: „Heimtücke“

Heimtückisch tötet, wer in feindlicher Willensrichtung bewusst die Arg- und Wehrlosigkeit des Opfers ausnutzt (h.M.).

Arglosigkeit

Arglos ist das Opfer, wenn es beim Eintritt der Tat in das Versuchsstadium keinen Angriff des Täters befürchtet. 53

Arglosigkeit setzt die Fähigkeit zum Argwohn voraus. Taugliche Tatopfer sind demzufolge grundsätzlich nur Personen, die konstitutionell (noch) in der Lage sind, Misstrauen zu entwickeln.

> ***Bsp. 1:*** *T erschlägt ein wenige Stunden altes Neugeborenes oder T tötet seine schwerkranke Tante, die wegen eines raumfordernden Hirntumors schon seit Jahren ihre Umwelt nicht mehr wahrnehmen kann.*

In beiden Varianten ist dem Tatopfer schon physisch unmöglich, das positive Bewusstsein zu bilden, vor einem Angriff sicher zu sein, weshalb Arglosigkeit nicht gegeben ist.

Anmerkung: Beachten Sie, dass nach der Rechtsprechung des BGH auch bei Komapatienten bzw. Kleinkindern Heimtücke dann in Betracht kommt, wenn die Arg- und Wehrlosigkeit einer sog. „schutzbereiten dritten Person" bewusst ausgenutzt wird, vgl. BGH, StV 2009, 524-526 = Life&Law 2008, Heft 7, 461-466.

Bsp. 2: *T erschießt ihren schlafenden Ehemann.*

Schlafende können hingegen arglos sein, weil diese nach allgemeiner Meinung ihre Arglosigkeit **„mit in den Schlaf"** nehmen.

Wehrlosigkeit/ Kausalität

Wehrlos ist derjenige, der aufgrund der Arglosigkeit in seiner natürlichen Abwehrbereitschaft stark eingeschränkt ist. Die Wehrlosigkeit muss also gerade Folge der Arglosigkeit sein (Kausalität zwischen Arg- und Wehrlosigkeit). 54

Bsp.: *T erwürgt den über alle vier Extremitäten gelähmten O.*

Zwar darf davon ausgegangen werden, dass O sich einerseits bei Vornahme des Würgens keines Angriffs versah (Arglosigkeit) und andererseits auch massiv in seinen Verteidigungsmöglichkeiten beschränkt war (Wehrlosigkeit).

Jedoch fehlt es hier an dem erforderlichen Kausalzusammenhang zwischen Arg- und Wehrlosigkeit, da sich O selbst bei rechtzeitigem Erkennen des Angriffs wegen seiner schweren Behinderung nicht hätte verteidigen können.

Ausnutzungsbewusstsein

Außerdem muss der Täter die Arg- und Wehrlosigkeit des Tatopfers **ausnutzen**, d.h. dem Angreifer muss die Arg- und Wehrlosigkeit in ihrer Bedeutung für die hilflose Lage des Opfers bewusst sein. Zur Ausnutzung bedarf es aber keines zuvor beschlossenen Tatplans. 55

Anmerkung: Die Heimtücke ist ein mit subjektiven Elementen durchsetztes objektives Tatbestandsmerkmal, was besonders an dem Erfordernis des Ausnutzungsbewusstseins deutlich wird. Die Berücksichtigung subjektiver Gesichtspunkte bereits im objektiven Tatbestand dürfte Ihnen bereits aus dem AT bekannt sein. Denken Sie beispielsweise an die Lehre von der objektiven Zurechnung, wonach bei der Frage nach der Schaffung eines rechtlich missbilligten Risikos nach h.M. auch ein etwaiges Sonderwissen des Täters zu berücksichtigen ist.

Feindselige Willensrichtung

Nach ständiger Rechtsprechung und h.L. muss der Täter 56
darüber hinaus **in feindlicher Willensrichtung** handeln. Daran fehlt es, wenn er davon überzeugt ist, „zum Besten“ seines Opfers zu handeln.

> ***Bsp.:*** *T erstickt seine todkranke Frau O mit einem Kissen, um sie von ihren Leiden zu erlösen.*

Vertrauensbruch

Das Erfordernis der feindseligen Willensrichtung ist Ausdruck 57
der verfassungsrechtlich gebotenen restriktiven Auslegung der Mordmerkmale. Gewichtige Stimmen in der Literatur befürworten sogar eine noch engere Interpretation der Heimtücke und verlangen zusätzlich einen besonders verwerflichen **Vertrauensbruch** des Täters. Hiernach kann der Heimtückemord also nur bei Bestehen einer persönlichen Beziehung (z.B. Ehe) zwischen Täter und Opfer bejaht werden. Zur dogmatischen Begründung dieser normativen Einschränkung wird auf den Wortteil „-tückisch“ verwiesen.

Kritik

Gegen diese Literaturansicht lässt sich anführen, dass unbe- 58
stimmt bleibt, was unter einem „besonderen Vertrauensverhältnis“ zu verstehen ist und der Wortlaut „tückisch“ nicht zwingend ein solches Näheverhältnis voraussetzt. Zudem erscheint es nicht sachgerecht, gerade den für heimtückisches Handeln typischen Fall des Meuchelmordes (kein Vertrauensverhältnis!) lediglich als Totschlag i.S.d. § 212 I zu werten.

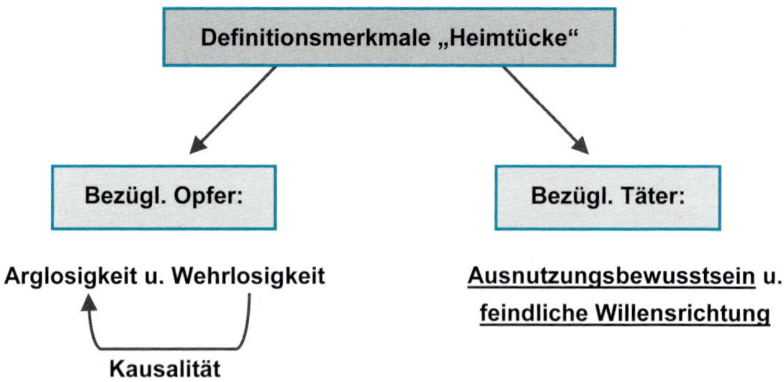

bb) Grausam 59

Def.: „Grausam“

Grausam tötet, wer dem Opfer besonders starke Schmer- 60
zen oder Qualen körperlicher oder seelischer Art aus gefühlloser, unbarmherziger Gesinnung zufügt.

Das Merkmal der Grausamkeit enthält daher – ebenso wie die Heimtücke – ein subjektives Element. Diese Schmerzen oder Qualen müssen über das „zur Tötung erforderliche Maß“ hinausgehen. In dem Erfordernis der gefühllosen, unbarmherzigen Gesinnung kommt zum Ausdruck, dass die grausame Tötung einen erhöhten Unrechtsgehalt hat, also besonders verwerflich ist.

Bsp.: *T foltert O über eine Stunde und tötet diesen dabei aus Freude so langsam, so dass das Opfer unsägliche Schmerzen beim Sterben erleidet.* 61

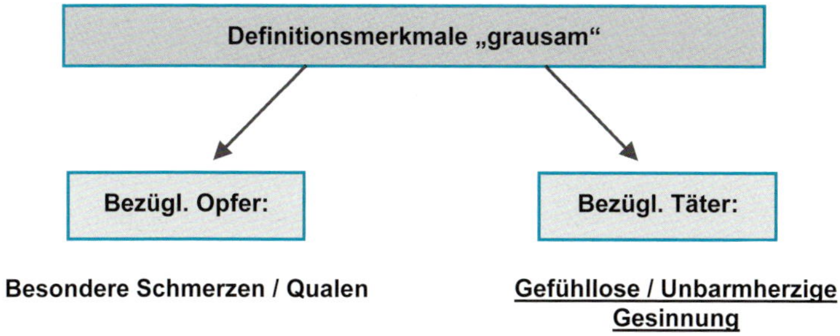

cc) Gemeingefährliche Mittel 61

Def.: „Gemeingefährliche Mittel“

Gemeingefährlich ist ein Mittel, wenn es der Täter im Einzelfall nicht sicher beherrschen kann und dessen Einsatz geeignet ist, eine Vielzahl von anderen Menschen an Leib oder Leben zu gefährden.

Anmerkung: Der BGH hat in der sog. „Amokfahrtentscheidung“ das Merkmal der „Gemeingefährlichkeit“ für den Fall bejaht, dass ein Pkw-Fahrer unkontrolliert eine voll besetzte Außenterrasse durchfährt und dabei eine Vielzahl von Menschen konkret an Leib und Leben gefährdet, vgl. BGH, NStZ 2006, 167-169 = Life&Law 2006, Heft 5, 323-329.

Bsp. 1: *T zündet auf dem Oktoberfest in einer Menschenmenge eine Bombe.*

T kann in der konkreten Situation die Wirkungskraft des Tatmittels (Bombe) nicht beherrschen und gefährdet so eine Mehrzahl von Menschenleben. ⇨ Gemeingefährliches Mittel (+)

Bsp. 2: *T schießt auf dem Oktoberfest auf eine einzelne Person, die von einer Menschenmenge umringt ist.* 62

Durch den Schuss werden zwar auch andere Menschen als das Opfer gefährdet. Es mangelt jedoch an der fehlenden Beherrschbarkeit des Tatmittels. ⇨ Gemeingefährliches Mittel (-)

Definitionsmerkmale „gemeingefährliches Mittel“

⇨ Nichtbeherrschbarkeit des Tatmittels **sowie** **⇨ Konkrete Mehrfachgefährdung**

b) Täterbezogene Mordmerkmale (1. und 3. Gruppe) 63

Mit der 1. Gruppe der Mordmerkmale werden Fälle erfasst, in denen ein Mensch aus besonders verwerflichen Motiven – oder, wie § 211 II Var. 4 allgemein formuliert – aus „niedrigen Beweggründen“ getötet wird. Wie der Wortlaut zeigt („sonstige“ niedrige Beweggründe), stellen die Mordmerkmale in § 211 II Var. 1 – 3 vertypte Spezialfälle dar, die § 211 II Var. 4 vorgehen.

hemmer-Methode: Das Merkmal der „niedrigen Beweggründe“ hat den Charakter eines **Auffangtatbestands**. Im Gutachten prüfen Sie deshalb zunächst alle anderen subjektiven Unrechtsmerkmale. Kommen Sie dabei zu dem Ergebnis, dass beispielsweise ein Habgiermord vorliegt, brauchen Sie auf die niedrigen Beweggründe nur noch dann eingehen, wenn zusätzliche, andere niedrige Motive in Betracht kommen.

aa) Merkmale der 1. Gruppe 64

Als täterbezogene Merkmale der 1. Gruppe nennt § 211 II Var. 1 bis 4 die Tötung aus Mordlust, zur Befriedigung des Geschlechtstriebs, aus Habgier oder sonst aus niedrigen Beweggründen.

(1) Mordlust 65

Def.: „Mordlust“

Mordlust liegt immer dann vor, wenn es dem Täter nur um das Töten als solches geht. Es kommt dem Täter also gerade darauf an, einen Menschen sterben zu sehen. Signifikant für eine Tötung aus Mordlust ist die Austauschbarkeit des Tatopfers.

Bsp.: T betrachtet die Tötung anderer Menschen als „sportliches Vergnügen“ und tötet daher jeden Samstagabend nichts ahnende Discobesucher.

(2) Zur Befriedigung des Geschlechtstriebs 66

Def.: „Zur Befriedigung des Geschlechtstriebs“

Zur Befriedigung des Geschlechtstriebs tötet der Täter dann, wenn er den Tötungsakt als Mittel benutzt, um sexuelle Befriedigung zu erlangen (sog. „Lustmord“) oder wenn er tötet, um danach seine sexuelle Lust an der Leiche zu befriedigen, oder wenn der Tod des Opfers zum Zweck der Befriedigung wenigstens billigend in Kauf genommen wird (Vergewaltigungsfälle).

Anmerkung: Mit dem Merkmal „zur Befriedigung des Geschlechtstriebs“ setzte sich der BGH im (berühmten) **„Kannibalen-Fall“** auseinander. Die Entscheidung ist außerdem in Hinblick auf die Systematik der Tötungsdelikte sehr interessant und deshalb durchaus lesenswert, vgl. BGH, NJW 2005, 1876-1879 = Life&Law 2005, Heft 8, 535 ff.

(3) Habgier 67

Def.: „Habgier“

Habgierig handelt derjenige, der aus rücksichtslosem Gewinnstreben um jeden Preis tötet. Der Täter muss davon ausgehen, dass sich sein Vermögen durch den Tod des Opfers unmittelbar mehren wird. Hierbei ist es ohne Bedeutung, ob dies durch ein Anwachsen des Vermögens oder durch Vermeidung von Ausgaben geschehen soll.

Bsp.: N tötet seine Tante, weil er als einziger Erbe an ihr Geld kommen will oder V tötet sein Kind, da er keine Unterhaltszahlungen mehr an die Kindesmutter zahlen möchte.

Handeln aus Not kann dem Merkmal „Habgier“ entgegenstehen. Hierzu bedarf es aber stets konkreter Anhaltspunkte.

(4) Sonstige niedrige Beweggründe 68

Def.: „Sonstige niedrige Beweggründe“

Für die Annahme **sonstiger niedriger Beweggründe** ist erforderlich, dass der Tötende aus Motiven handelt, die aufgrund einer Gesamtwürdigung aller Tatumstände nach allgemeiner sittlicher Anschauung verachtenswert sind und auf tiefster Stufe stehen.

Für die Beurteilung eines Beweggrundes bedarf es daher einer Gesamtschau (Person des Täters, Lebensverhältnisse, Verlauf der Tat, etc.), bei der insbesondere das (Miss-) Verhältnis zwischen Anlass und Zweck der Tat ausschlaggebend ist.

> ***Bsp.:*** *Der ausländerfeindliche T brennt ein Asylantenheim nieder, weil er sich mal wieder von der Anwesenheit asiatischer Mitbürger belästigt fühlt oder T tötet den ihm völlig unbekannten O, um seiner Clique zu imponieren.*

Motivbündel

Sofern bei einer Tötung mehrere Motive zusammentreffen – **sog. Motivbündel** –, muss der niedrige Beweggrund handlungsleitend, d.h. **bewusstseinsdominant** sein. 69

> ***Bsp.:*** *T tötet den körperlich stark behinderten O, weil er behinderte Menschen nicht leiden kann. Andererseits hat er auch ein wenig Mitleid mit O.*
>
> Eine Bestrafung aus § 211 II Var. 4 setzt den Nachweis voraus, dass im Tatzeitpunkt bei T der niedrige Beweggrund des Behindertenhasses und nicht das Mitleid mit O im Vordergrund stand.

Merkmale der 1. Gruppe

- **Mordlust (Var. 1)**
- **Zur Befriedigung des Geschlechtstriebs (Var. 2)**
- **Habgier (Var. 3)**
- **Sonstige niedrige Beweggründe (Var. 4)**

bb) Merkmale der 3. Gruppe 70

Die subjektiven Mordmerkmale der 3. Gruppe des § 211 II sind verwirklicht, wenn der Täter in der Absicht handelt, eine andere Straftat zu ermöglichen oder zu verdecken. Diese „andere Straftat" kann eine solche des Täters, aber auch eines Dritten sein. Es muss sich aber immer um eine Straftat i.e.S. handeln und nicht bloß um eine Ordnungswidrigkeit.

(1) Ermöglichungsabsicht 71

Def.: „Ermöglichungsabsicht"

Im Falle der **Ermöglichungsabsicht** muss das Ziel des Täters darin liegen, die Begehung weiteren kriminellen Unrechts durch das Mittel der Tötung zu erleichtern.

> **Bsp.:** *Tötung, um dem anderen Wertgegenstände entwenden zu können (sog. Raubmord).*

Auch bedarf es keines unmittelbaren zeitlichen oder räumlichen Zusammenhangs.

> **Bsp.:** *Tötung der Schutzperson des späteren Opfers.*

(2) Verdeckungsabsicht 72

Def.: „Verdeckungsabsicht"

Verdeckungsabsicht liegt vor, wenn der Täter unbedingt verhindern möchte, dass eine andere Straftat oder aber seine Täterschaft, die nach seiner Vorstellung den Strafverfolgungsbehörden noch unbekannt ist, entdeckt wird.

„Um eine andere Straftat zu verdecken" tötet der Täter zum Beispiel, wenn er den einzigen Tatzeugen tötet.

> **Bsp.:** *T tötet O, der zuvor Zeuge einer Vergewaltigungstat des T wurde.*

Sind dagegen nach Täteransicht den Strafverfolgungsorganen (Staatsanwaltschaft, Polizei) die Tatumstände bereits derart bekannt, dass die Strafverfolgung gesichert ist, und kommt es dem Täter lediglich darauf an zu vermeiden, dass er gestellt wird, ist nur eine sog. „Verfolgungsvereitelungsabsicht" gegeben, aber keine Verdeckungsabsicht.

> **Bsp.:** *Die Polizei hat sichere Kenntnis von der Vergewaltigungstäterschaft des T. Während der ersten Vernehmung tötet T den Kommissar O, um sich der Festnahme zu entziehen.*

Anmerkung: Mit Blick auf die subjektive Formulierung muss die zu verdeckende Tat überhaupt nicht begangen worden sein, es genügt allein die **Absicht** des Täters zur Verdeckung, was insbesondere zur Konsequenz hat, dass die Vortat auch tatsächlich gerechtfertigt oder entschuldigt gewesen sein kann.

AT- Bezug: „Verdeckungsmord durch Unterlassen"

Bei Sachverhalten mit mehreren Handlungsabschnitten ist stets an die Möglichkeit eines Verdeckungsmordes durch Unterlassen zu denken. 73

Die erforderliche Garantenstellung (§ 13 I) lässt sich in diesen Fällen meist aus einem pflichtwidrigen Vorverhalten des Täters (Ingerenz) ableiten.

Bsp.: *T traktiert O mit Schlägen auf den Kopf bei zunächst bestehendem Körperverletzungsvorsatz. Im Anschluss fasst T den Entschluss, O verbluten zu lassen, weil er eine Überführung durch O fürchtet. O stirbt, obwohl er noch hätte gerettet werden können.*

Lösung nach BGH: Da T bei den vorangegangenen Schlägen noch keinen Tötungsvorsatz hatte, stellt sich das Vorgeschehen als „andere Straftat“ im Sinne von § 211 II Gr. 3 Alt. 2 dar. Aufgrund der Ausführung der Schläge ist T auch Garant gegenüber O, so dass er sich beim späteren Unterlassen wegen Verdeckungsmord durch Unterlassen strafbar gemacht hat. Die Strafbarkeit gemäß §§ 223 ff. StGB wird hiervon verdrängt.

Merkmale der 3. Gruppe

Ermöglichungsabsicht (Alt. 1)

Verdeckungsabsicht (Alt. 2)

4. Mord und AT- Probleme 74

Eine klassische AT-Streitfrage im Bereich des Mordes betrifft die **Anwendbarkeit des § 28 II** auf die subjektiven Verbrechenselemente der 1. und 3. Gruppe des § 211 II. 75

Struktur des § 28 II

Element 1: Voraussetzungen

1. **Tatbestand enthält besonderes persönliches Merkmal**
2. **Strafmodifizierender Charakter (= schärfend, mildernd oder ausschließend)**

Element 2: Rechtsfolge: Tatbestandsverschiebung möglich

Das besondere persönliche Merkmal entfaltet nur bei dem Beteiligten seine Wirkung, bei dem es vorliegt

***Bsp.:** Privatmann A stiftet den Beamten T zur Begehung einer Körperverletzung im Amt an.*

Fraglich ist, ob A sich wegen einer Anstiftung zur Körper- 76
verletzung im Amt gemäß §§ 340 I, 26 strafbar gemacht hat. Das hängt wiederum von der Anwendbarkeit des § 28 II ab, wonach eine entsprechende Strafbarkeit des A nur in Betracht kommt, wenn dieser selbst das besondere persönliche Merkmal der Amtsträgereigenschaft erfüllt, was vorliegend gerade nicht der Fall ist. Wegen des Fehlens der Amtsträgereigenschaft bei A kommt es zu einer sog. **Tatbestandsverschiebung** (hier: nach „unten"!), d.h. A kann nur wegen einer Anstiftung zur einfachen Körperverletzung (Grunddelikt zu § 340 I!) nach §§ 223 I, 26 belangt werden.

Konkret auf § 211 II übertragen stellt sich die Frage, ob ebenfalls eine Tatbestandsverschiebung („nach oben **oder** nach unten") bei der Beteiligung mehrerer in Betracht kommt.

Täterbezogenheit

Das setzt voraus, dass es sich bei den Merkmalen der 77
1. und 3. Gruppe um besondere persönliche (täterbezogene) Merkmale handelt. **Täterbezogen** sind Merkmale, die sich nicht auf das objektive Unrecht der Tat beziehen, also vor allem Motive, die nicht auf die Verletzung des tatbestandlich geschützten Rechtsguts gerichtet sind (z.B.: Amtsträgereigenschaft, Anvertrauungsverhältnis in § 246 II). Nach h.M. und BGH erfüllen die Mordmerkmale der 1. und 3. Gruppe diese Voraussetzung.

Strafmodifizierend? (Str.)

Lebhaft diskutiert wird jedoch die Frage, ob die subjektiven 78
Verbrechenselemente als **strafbegründende** (§ 28 I) oder **strafschärfende** (§ 28 II) Merkmale zu qualifizieren sind. Die Antwort hängt letzten Endes von dem dogmatischen Verhältnis von Totschlag und Mord ab.

hemmer-Methode: Nutzen Sie hier die Gelegenheit, nochmals das systematische Verhältnis Totschlag / Mord zu wiederholen, Rn. 44 ff.

BGH: § 28 I

Nach der Rechtsprechung ist § 211 gegenüber § 212 ein 79
selbstständiger Straftatbestand. Die subjektiven Merkmale wirken demgemäß strafbegründend. Es greift daher die Rechtsfolge des **§ 28 I**, der lediglich eine Strafmilderung für Teilnehmer nach § 49 I vorsieht.

H.L.: § 28 II

Die h.L. interpretiert § 211 II als Qualifikationstatbestand und schreibt den Merkmalen der 1. und 3. Gruppe deshalb strafschärfende Funktion zu. Eine durch **§ 28 II** bedingte Tatbestandsverschiebung ist demnach möglich. 80

Anmerkung: Nach anderer Ansicht sind die Merkmale der 1. und 3. Gruppe als **spezielle Schuldmerkmale** einzuordnen, so dass § 29 anzuwenden wäre. Danach wird jeder Beteiligte nach seiner Schuld bestraft. Im Ergebnis bestehen insoweit aber keine wesentlichen Unterschiede zu der „28 II-Lösung“: Eine Teilnahme am Mord ist nur möglich, wenn der Beteiligte das entsprechende Mordmerkmal der 1. bzw. 3. Gruppe selbst aufweist.

Welche strafrechtlichen Konsequenzen diese vor allem auch in der Praxis relevante Auseinandersetzung zwischen BGH und Lehre zeitigt, sollen die folgenden Fallbeispiele verdeutlichen. 81

hemmer-Methode: Lesen Sie die angeführten Beispiele nicht lediglich durch. Überlegen Sie zuvor kurz, wie Sie selbst den jeweiligen Fall lösen würden und vergleichen Sie erst im Anschluss Ihr Ergebnis mit der jeweiligen Lösung.

Bsp. 1: *T tötet O, um eine andere Straftat zu verdecken. G hilft dem T dabei, ohne selbst ein persönliches Mordmerkmal verwirklicht zu haben.* 82

Lösung nach BGH: Da T als unmittelbar Handelnder das subjektive Merkmal der Verdeckungsabsicht erfüllt, ist er wegen Mordes nach § 211 II Gr. 3 Var. 2 strafbar.

Zu prüfen ist, ob G hierzu i.S.d. §§ 211 II, 27 I Hilfe geleistet hat. Die Verdeckungsabsicht des T ist ein täterbezogenes Merkmal. Es findet § 28 I Anwendung, da dieses täterbezogene Merkmal bei G fehlt. Die Strafe des Gehilfen kann lediglich nach § 49 I gemildert werden. An seiner Beteiligung am Mord ändert sich aber nichts.

Lösung nach h.L.: T hat sich wegen eines Verdeckungsmordes strafbar gemacht, § 211 II Gr. 3 Var. 2.

Bezüglich G ist die Vorschrift des § 28 II zu berücksichtigen, deren Anwendung in concreto zu einer Tatbestandsverschiebung „nach unten“ führt, d.h. G macht sich nur wegen Beihilfe zum Totschlag gemäß §§ 212 I, 27 I strafbar.

Bsp. 2: *A stiftet den T an, seine Oma O zu töten, um diese endlich beerben zu können. T kommt diesem Wunsch nach und tötet O, ohne selbst ein persönliches Mordmerkmal zu verwirklichen.* 83

Lösung nach BGH: Die Tötung der O durch T stellt sich als Totschlag (§ 212 I) dar.

A hat T zu einem Totschlag angestiftet, §§ 212 I, 26. Der Umstand, dass er selbst aus Habgier i.S.d. § 211 II Gr. 1 Var. 3 handelt, ist unschädlich.

§ 28 I findet keine Anwendung, da dem Teilnehmer A selbst kein besonderes persönliches Merkmal – wie von § 28 I gefordert – fehlt. Demzufolge bleibt es bei einer Strafbarkeit des A wegen Anstiftung zum Totschlag.

Der BGH bestraft somit sowohl in Beispiel 1 als auch in Beispiel 2 **streng akzessorisch**, also in Abhängigkeit von der vorsätzlichen und rechtswidrigen Tat des Haupttäters.

hemmer-Methode: § 28 I ist also eine „Einbahnstraße", d.h. seine Rechtsfolge sieht nur eine Milderung bei der Strafbarkeit des Teilnehmers vor. Umgekehrt kann das Strafmaß niemals zu Lasten des Teilnehmers erhöht werden. Vor dem Hintergrund des Analogieverbots kann § 28 I in diesem Fall auch nicht entsprechend angewandt werden.

Lösung nach h.L.: T ist nach § 212 I Totschläger.

Wegen der Habgier des A kommt es gemäß § 28 II zu einer Tatbestandsverschiebung „nach oben". A hat sich wegen einer Anstiftung zum Mord strafbar gemacht, §§ 211 II Gr. 1 Var. 3, 26.

Anmerkung: Hier zeigt sich eindeutig der Vorteil der h.L., denn nur nach diesem Verständnis kann das Mordmerkmal der Habgier zum Ansatz gebracht werden. Die Rechtsprechung ignoriert unbilligerweise die Verwirklichung des subjektiven Verbrechensmerkmals beim Teilnehmer und wird so dem Grundsatz, dass der Schuldspruch das begangene Unrecht möglichst präzise erfassen muss, nicht gerecht.

Bsp. 3: *T tötet O aus niedrigen Beweggründen. G hatte ihm das Tatwerkzeug besorgt, da er den O beerben wollte.* 84

Lösung nach BGH: T hat sich wegen Mordes aus niedrigen Beweggründen (§ 211 II Gr. 1 Var. 4) zu verantworten.

G wäre nach §§ 211 II, 27 I strafbar, wobei bei konsequenter Anwendung des § 28 I seine Strafe nach § 49 I zu mildern wäre. Denn das Mordmerkmal des T (niedrige Beweggründe) liegt beim Teilnehmer G selbst nicht vor. Dass er selbst habgierig gehandelt hat, also auch ein Mordmerkmal erfüllt, müsste insofern – wie im Beispiel 2 – unbeachtet bleiben.

Jedoch korrigiert die Rechtsprechung dieses unbillige Ergebnis, indem es § 28 I dann ausnahmsweise nicht anwendet, wenn der Teilnehmer in seiner Person ein rechtsethisch vergleichbares Mordmerkmal verwirklicht hat, sog. **„gekreuzte Mordmerkmale"**. G ist deshalb wegen Beihilfe zum Mord ohne Milderung nach §§ 28 I, 49 I zu bestrafen.

Lösung nach h.L.: T hat sich nach § 211 Gr. 1 Var. 4 strafbar gemacht.

Da G selbst ein Mordmerkmal in Gestalt der Habgier aufweist, kann er unproblematisch wegen Beihilfe zum Mord gemäß §§ 211 II Gr. 1 Var. 3, 27 I belangt werden.

Aufbau

hemmer-Methode: Im Deliktsaufbau ist § 28 II wegen seiner Rechtsfolge (Tatbestandsverschiebung!) auf Tatbestandsebene zu prüfen. Als Fall der Strafrahmenverschiebung darf § 28 I hingegen erst nach der Schuld angesprochen werden. Stellt sich im Gutachten die Streitfrage der Einordnung der subjektiven Mordmerkmale, ist diese also bereits auf Tatbestandsebene zu diskutieren, weil dort die Problematik aufgrund einer möglichen Tatbestandsverschiebung gemäß § 28 II erstmals auftaucht.

Konstellationen	BGH	H.L.
MM* Täter (+) MM Teilnehmer (-)	§ 28 I (+) ⇨ Teilnehmer: §§ 211, 26, 49	§ 28 II (+) ⇨ Teilnehmer: §§ 212, 26
MM* Täter (-) MM Teilnehmer (+)	§ 28 I (-) ⇨ Teilnehmer: §§ 212, 26	§ 28 II (+) ⇨ Teilnehmer: §§ 211, 26
„Gekreuzte Mordmerkmale"	§ 28 I (-) ⇨ Teilnehmer: §§ 211, 26	§ 28 II (+); 2x! ⇨ Teilnehmer: §§ 211, 26

*** „MM" steht für „persönliches Mordmerkmal" i.S.v. § 211 II Gr. 1 / 3**

IV. Tötung auf Verlangen, § 216 85

Systematisch stellt § 216 nach h.L. eine **Privilegierung** gegenüber den §§ 212, 211 dar. Der Tatbestand entfaltet insoweit eine sog. „Sperrwirkung". D.h. wird bereits eine Strafbarkeit aus § 216 bejaht, kann niemals zugleich eine Bestrafung wegen eines anderen Tötungsdelikts erfolgen.

Diese Privilegierung hat ihren Grund in der schuldmindernden Konfliktlage, die das selbstmordähnliche Tötungsverlangen des Opfers bei dem Täter auslöst.

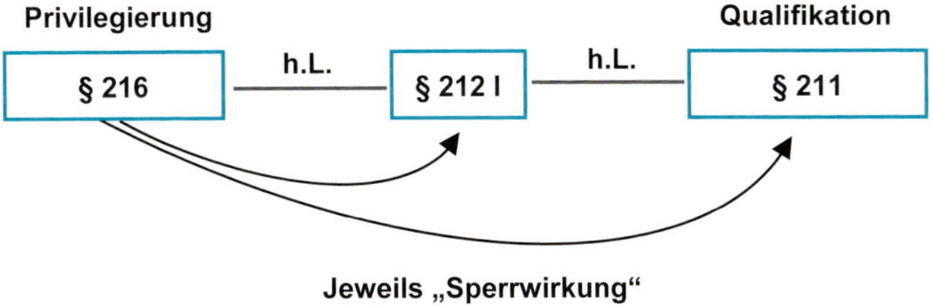

1. Prüfungsschema, § 216 I 86

I. Tatbestand

1. ObjektiverTatbestand

a) Tötung eines anderen Menschen

b) Ausdrückliches und ernstliches Verlangen des Getöteten (ggfs. § 16 II !)

c) Täter wurde vom Opfer zur Tötung bestimmt

2. Subjektiver Tatbestand

Vorsatz bezüglich **a)** bis **c)**

II. Rechtswidrigkeit

III. Schuld

2. Die einzelnen Tatbestandsmerkmale 87

Der objektive Tatbestand des § 216 I fordert, dass jemand durch das ausdrückliche und ernstliche Verlangen des Getöteten zur Tötung bestimmt worden ist.

Tathandlung

Tathandlung ist die **Tötung eines anderen Menschen**. 88

Anmerkung: Ebenso wie bei dem Tatbestand des Totschlags kann an dieser Stelle eine Abgrenzung zur straflosen freiverantwortlichen Selbsttötung notwendig werden. Zu den maßgeblichen Kriterien wiederholen Sie Rn. 28 ff.

Def.: „Ausdrückliches und ernstliches Verlangen"

Ausdrückliches und ernstliches Verlangen meint die unmissverständliche, endgültige und ohne Willensmängel behaftete Kundgabe des Tötungsbegehrens seitens des Getöteten. 89

Bsp. 1: *Die 5-jährige O bittet ihren Erzieher T aus dem örtlichen Kindergarten, sie umzubringen, weil sie im Fernsehen schon mehrmals erfahren hat, dass im Jenseits das Paradies auf sie warte. T kommt diesem Wunsch nach.*

Hier lässt sich die Entscheidung der O angesichts ihrer fehlenden Urteilsfähigkeit über den Rechtsgutsverzicht nicht als „ernstlich" i.S.d. § 216 I bezeichnen, weshalb keine Tötung auf Verlangen gegeben ist. T ist je nach Sachlage gemäß § 212 I oder § 211 II strafbar.

Bsp. 2: *O bekommt von ihrem Hausarzt eine fehlerhafte Krebsdiagnose. Daraufhin bittet O ihren Ehemann T inständig, sie vorzeitig zu erlösen, was dieser tut.*

AT-Bezug: § 16 II

Irrtumsbedingt hat O von T den Tod verlangt. Folglich greift § 216 I objektiv tatbestandlich nicht ein. Geht T jedoch fälschlicherweise von einem Sachverhalt aus, bei dessen Vorliegen § 216 I einschlägig wäre, kommt § 16 II zur Anwendung. Rechtsfolge ist, dass eine Bestrafung nach § 212 I gesperrt ist und der Privilegierungstatbestand des § 216 I (über § 16 II) doch anwendbar ist. 90

Prüfungsort, § 16 II

Beispiel § 216:

Objektiver Tatbestand

- **Tötung eines anderen Menschen (+)**
- **Ausdrückliches und ernstliches Verlangen (-)**

  Aber: Der Täter geht davon aus!

  ⇨ § 16 II: Täter ist so zu behandeln, als ob Verlangen (+)

Subjektiver Tatbestand

Vorsatz

hemmer-Methode: § 16 II hat die Rechtsfolge, dass trotz eines objektiv fehlenden ernstlichen Verlangens § 216 I Anwendung findet. Angesichts dieser Rechtsfolge ist § 16 II und damit das Vorstellungsbild des zur Tötung Bestimmten nach h.M. im objektiven Tatbestand von § 216 I zu prüfen.

Def.: „Zur Tötung bestimmt"

Durch das Verlangen muss der Täter zur Tötung **bestimmt** worden sein. Das Tatbestandsmerkmal wird entsprechend dem „bestimmen" in § 26 ausgelegt. Der Getötete muss demnach den Tatentschluss beim Täter hervorrufen. Ist der Tötende bereits tatentschlossen (lat.: „omnimodo facturus"), kommt § 216 I nicht zur Anwendung. 91

V. Aussetzung, § 221 92

Geschütztes Rechtsgut

Der Tatbestand der Aussetzung (§ 221) schützt entgegen seiner systematischen Stellung nicht nur das Leben, sondern seit der Novellierung durch das 6. StrRG von 1998 – wie sich mittlerweile aus dem eindeutigen Wortlaut des § 221 I ergibt – auch die körperliche Unversehrtheit.

Konkretes Gefährdungsdelikt

Der Grundtatbestand (Absatz 1) ist als **konkretes Gefährdungsdelikt** ausgestaltet, d.h. die Feststellung des Eintritts eines Gefahrerfolges ist in jedem Einzelfall erforderlich.

Struktur des Grunddelikts

Die Aussetzung umfasst zwei Tatbestandsalternativen: Während der Täter im Rahmen des § 221 I Nr. 1 eine hilflose Lage schafft, lässt der Täter bei § 221 I Nr. 2 das Opfer in einer hilflosen Lage im Stich, obwohl eine Obhutspflicht besteht. Gemeinsam ist § 221 I Nr. 1 und 2, dass bei beiden Tatbestandsalternativen zusätzlich der Eintritt einer konkreten Gefahr des Todes oder einer schweren Gesundheitsschädigung des Opfers erforderlich ist. Diese Gefahrenlage muss nach Sinn und Zweck der Aussetzung gerade aus der hilflosen Lage des Opfers resultieren (sog. Risikozusammenhang).

§ 221 II und III formulieren **drei Qualifikationstatbestände**:

Tatbestandsqualifikation

Als **echte Qualifikation** wertet § 221 II Nr. 1 das Grunddelikt bei Verletzung einer besonderen Garantenpflicht zum Verbrechen (§ 12 I) auf. Die Tat kann aber nur vorsätzlich begangen werden - § 18 gilt hier nicht! 93

Erfolgsqualifikationen

Realisiert sich die Gefahr des Grundtatbestands und tritt entweder eine schwere Gesundheitsschädigung (§ 221 II Nr. 2) oder gar der Tod (§ 221 III) des Opfers ein, sind die **Erfolgsqualifikationen** einschlägig, für die gemäß § 18 die fahrlässige Herbeiführung der besonderen Folge genügt. 94

95

1. Prüfungsschema, § 221

I. Tatbestand

1. ObjektiverTatbestand

a) Tathandlung: Versetzen eines Menschen in eine hilflose Lage (§ 221 I Nr. 1) **oder** obhutspflichtwidriges Im-Stich-lassen eines Menschen in einer hilflosen Lage (§ 221 I Nr. 2)

b) Konkrete Gefährdung: Verursachung einer konkreten Gefahr des Todes oder einer schweren Gesundheitsschädigung

c) Risikozusammenhang zwischen a) und b)

2. Subjektiver Tatbestand

⇨ Vorsatz bezüglich objektivem Tatbestand

II. Rechtswidrigkeit

III. Schuld

2. Die einzelnen Tatbestandsmerkmale 96

Def.: „Hilflose Lage“

In einer hilflosen Lage i.S.v. § 221 I befindet sich ein Mensch, wenn er in einer Situation ist, in der er sich nicht aus eigener Kraft vor Gefahren für Leib und Leben schützen kann. 97

> **Bsp.:** *Gebrechlicher alter Mann irrt des Nachts in eisiger Kälte in einem Wald umher.*

Def.: „Versetzen“

Um § 221 I Nr. 1 zu erfüllen, muss der Täter einen anderen Menschen in eine hilflose Lage versetzen. Dies bedeutet, dass der Täter eine Zustandsveränderung bei dem Opfer herbeiführt, deren Folge eine hilflose Lage ist. Dies kann durch Täuschung, Drohung oder Gewalt, unter Umständen auch durch Unterlassen (§ 13 I) geschehen. Eine Ortsveränderung ist dafür nach h.M. nicht erforderlich. 98

> **Bsp.:** *T verpasst dem O nach einer Parkplatzstreitigkeit einen Kinnhaken. O geht bewusstlos zu Boden und bleibt auf der vielbefahrenen Straße an einer unübersichtlichen Stelle liegen. Genau das hatte T vorhergesehen. Einige Autos können dem O nur noch knapp ausweichen.*

Sofern das Opfer jedoch freiverantwortlich handelt, fehlt es dem Täter an der für das Tatbestandsmerkmal „versetzen“ erforderlichen Tatherrschaft.

Def.: „Im-Stich-lassen“

I.R.d. § 221 I Nr. 2 macht sich der Täter dann strafbar, wenn er das Opfer in einer hilflosen Lage im Stich lässt. Im-Stich-lassen bedeutet, dass der Täter eine gebotene Hilfeleistung unterlässt, obwohl sie ihm möglich und zumutbar ist. 99

Obhutspflicht

Allerdings ist weitere Voraussetzung des § 221 I Nr. 2, dass der Täter das Opfer in seiner Obhut hat oder ihm sonst beizustehen verpflichtet ist. Dies ist immer dann der Fall, wenn der Täter eine Obhutspflicht (vergleichbar einer Garantenstellung im Sinne von § 13 I) innehat, also für das Opfer sonderverantwortlich ist. Richtigerweise handelt es sich hierbei also um ein echtes Unterlassungsdelikt (str.). 100

Bsp.: *Der von dem Infarktpatienten angeforderte „Ärztliche Bereitschaftsdienst" kommt nicht, weil der diensthabende Arzt lieber mit seiner Freundin ins Kino gehen möchte.*

Def.: „Gefahr des Todes oder einer schweren Gesundheitsschädigung"

Da § 221 I kein Verletzungs-, sondern ein konkretes Gefährdungsdelikt ist, muss der Täter das Opfer durch seine Handlung in die **Gefahr des Todes oder einer schweren Gesundheitsschädigung** gebracht haben. Eine konkrete Gefahr lässt sich als „Beinahebeeinträchtigung" umschreiben. 101

Bsp.: *Eine verzweifelte Mutter lässt ihren Säugling bei 35 Grad Außentemperatur auf einem abgelegenen Feld zurück, weil sie sich nicht mehr anders zu helfen weiß. Das Kleinkind wird viele Stunden später zufällig von Spaziergängern gefunden und entgeht nur knapp dem Tode (Dehydratation).*

Zwischen der Schaffung der hilflosen Lage und dem konkreten Gefahrerfolg ist ein spezifischer **Risikozusammenhang** vonnöten, d.h. die Todes- oder schwere Gesundheitsgefahr muss gerade auf der hilflosen Lage des Opfers beruhen. Im eben genannten Beispiel („Säugling") ist das der Fall, denn die Mutter bringt hier das Kind in eine Situation, in der es sich nicht hinreichend vor der Hitze schützen kann (= „hilflose Lage"), was den Säugling in die Gefahr des Todes durch Austrocknen versetzt (= „konkreter Gefahrerfolg"). 102

Was genau unter dem Begriff der **„schweren Gesundheitsschädigung"** zu verstehen ist, ist nicht abschließend geklärt. Einigkeit besteht dahingehend, dass jedenfalls gesundheitliche Beeinträchtigungen, die einen mit § 226 vergleichbaren Schweregrad aufweisen, erfasst werden.

Subjektiver Tatbestand

Auf subjektiver Tatbestandsebene ist Vorsatz erforderlich, der sowohl die Gefährdungshandlung als auch den Gefahrerfolg umfassen muss. 103

Straflosigkeit des Versuchs

Bei § 221 I handelt es sich um ein Vergehen i.S.d. § 12 II. Nach § 23 I ist der Versuch eines solchen nur dann strafbar, wenn es ausdrücklich im Gesetz bestimmt ist. Der Aussetzungstatbestand enthält eine derartige Vorschrift gerade nicht. Eine versuchte Aussetzung (§ 221 I) ist demzufolge nicht denkbar. 104

hemmer-Methode: Im Gutachten sind Tötungs- und Körperverletzungsdelikte als Verletzungsdelikte immer **vor** dem Gefährdungstatbestand der Aussetzung zu prüfen.

3. Qualifikationen 105

Während § 221 II Nr. 1 eine Qualifikation für den Fall enthält, dass der Täter die Tat gegen sein Kind oder eine ihm sonst besonders anvertraute Personen begeht, sind § 221 II Nr. 2 und § 221 III erfolgsqualifizierte Delikte. Diese sind dann einschlägig, wenn die Gefahr für Leib und Leben sich tatsächlich realisiert.

hemmer-Methode: Zum Aufbau sind bei Qualifikationstatbeständen verschiedene Möglichkeiten denkbar. Sie können diese durchaus zusammen mit dem Grunddelikt in einem gemeinsamen objektiven und subjektiven Tatbestand prüfen (sog. „Kombinationsaufbau"). Klarer und übersichtlicher ist es häufig, im Aufbau zu trennen, also Grundtatbestand und Qualifikation jeweils für sich zu prüfen.

Sonderproblem

Sofern eine Versuchskonstellation vorliegt, kann im Rahmen der Erfolgsqualifikationen des § 221 folgendes schwieriges **Spezialproblem** entstehen: 106

Wie bereits dargestellt, ist der Versuch des Grundtatbestands wegen § 23 I an sich straflos. Tritt allerdings die qualifizierende besondere Folge i.S.d. § 221 III (Tod) ein, wird die Aussetzung zum Verbrechen. Das ergibt sich daraus, dass für die Einordnung Verbrechen / Vergehen § 12 I, II heranzuziehen ist. Für (Erfolgs-)Qualifikationen gilt § 12 III gerade nicht, da diese Vorschrift nur Strafzumessungsvorschriften erfasst.

Das könnte zu der außergewöhnlichen Konstellation führen, dass im Falle eines nicht vollendeten Grunddelikts, aber bereits verwirklichter Erfolgsqualifikation (sog. „erfolgsqualifizierter Versuch", dazu Rn. 409) der Versuch plötzlich doch strafbar wäre.

Das Vorliegen der Erfolgsqualifikation würde dann also nicht straferhöhend (vgl. § 18 „schwerere Strafe"), sondern ausnahmsweise strafbegründend wirken, was eine Einführung der Versuchsstrafbarkeit des Grunddelikts „durch die Hintertür" zur Folge hätte.

Deswegen hält die h.M. den erfolgsqualifizierten Versuch bei der Aussetzung für nicht strafbar.

Anmerkung: Dies ist eine gute Gelegenheit, sich mit den Fragen um Versuch und Erfolgsqualifikation zu beschäftigen, vgl. Sie hierzu Hemmer/Wüst, Strafrecht AT II, Rn. 33 ff., und explizit zur Problematik im Zusammenhang mit der Aussetzung, die im Rahmen dieses Anfängerskripts bewusst nicht weiter vertieft wird, Hemmer/Wüst, Strafrecht BT II, Rn. 81.

VI. Fahrlässige Tötung, § 222 107

Nach § 222 wird bestraft, wer durch Fahrlässigkeit den Tod eines anderen Menschen verursacht. In Anfängerklausuren dient der Tatbestand der fahrlässigen Tötung als beliebter „Aufhänger" für AT-Probleme. Häufig geht es in diesem Zusammenhang um Fragen der objektiven Zurechnung („Eigenverantwortliche Selbstgefährdung"; „Vermeidbarkeitstheorie contra Risikoerhöhungslehre", etc.). Dazu und zu den allgemeinen Voraussetzungen der Fahrlässigkeitstat vgl. Hemmer/Wüst, Grundwissen AT, Rn. 76 ff. sowie Rn. 313 ff.

Die einzelnen Tatbestandsmerkmale des § 222 bereiten hingegen keine besonderen Probleme. Deswegen wird im Folgenden lediglich ein mögliches **Prüfungsschema** vorgestellt.

Beachten Sie dabei, dass bei Fahrlässigkeitsdelikten im Gegensatz zu Vorsatztaten keine Unterteilung in objektiven und subjektiven Tatbestand stattfindet.

Prüfungsschema

I. Tatbestandsmäßigkeit

- **1. Tötung eines anderen Menschen**
- **2. Kausalität**
- **3. Objektive Sorgfaltspflichtverletzung**
  - **a)** Objektive Sorgfaltswidrigkeit
  - **b)** Objektive Vorhersehbarkeit
- **4. Pflichtwidrigkeitszusammenhang (auch objektive Zurechnung genannt)**

II. Rechtswidrigkeit

III. Schuld

⇨ **Insb. Fahrlässigkeitsschuldvorwurf, d.h. subjektive Sorgfaltspflichtverletzung** (kann auch bereits auf der Ebene der Tatbestandsmäßigkeit geprüft werden)

B. Straftaten gegen die körperliche Unversehrtheit 108

Anmerkung: Zur Vertiefung des Problemkreises der Körperverletzungsdelikte eignet sich Hemmer/Wüst - Die 44 wichtigsten Fälle Strafrecht BT II, Fälle 10 bis 16.

I. Überblick 109

Geschütztes Rechtsgut

Die Körperverletzungstatbestände (§§ 223 – 231) aus dem 17. Abschnitt des StGB schützen primär die **körperliche Unversehrtheit**.

Systematik der §§ 223 ff.

Als zentraler **Ausgangstatbestand** fungiert dabei die einfache Körperverletzung nach **§ 223**, deren fahrlässige Begehung in § 229 ebenfalls unter Strafe gestellt ist.

hemmer-Methode: Beachten Sie bei der Fallbearbeitung stets das für die strafrechtliche Verfolgung der vorsätzlichen und fahrlässigen Körperverletzung bestehende Strafantragserfordernis, § 230 I.

In den §§ 224 – 227 sind verschiedene klausurrelevante Qualifikationen der Körperverletzung geregelt, wobei sich die gefährliche Körperverletzung gemäß § 224 und die Misshandlung von Schutzbefohlenen nach § 225 systematisch als Tatbestandsqualifikationen darstellen. Die schwere Körperverletzung (§ 226 I) und die Körperverletzung mit Todesfolge (§ 227) sind hingegen klassische Erfolgsqualifikationen, für welche § 18 gilt. Die Einordnung der §§ 226, 227 als erfolgsqualifizierte Delikte ergibt sich aus dem Wortlaut der jeweiligen Norm („Hat die Körperverletzung **zur Folge**...", „**Verursacht** der Täter **durch**...").

Einen verselbstständigten Tatbestand enthält § 231, nämlich die Beteiligung an einer Schlägerei.

Anmerkung: Eine etwas versteckte besondere Form der Qualifikation einer einfachen Körperverletzung findet sich darüber hinaus noch in § 340, der sog. Körperverletzung im Amt.

Übersicht Körperverletzungsdelikte

§§ 226, 227	**= Erfolgsqualifikation**
§§ 224, 225, 340	**= Qualifikation**
§ 223 I	**= Grundtatbestand**
§§ 229, 231	**= selbstständige Tatbestände**

Einwilligung, § 228

§ 228 behandelt die **Einwilligung des Verletzten** und konstatiert, dass eine mit Einwilligung der verletzten Person vorgenommene Körperverletzung nur dann rechtswidrig ist, wenn die Tat trotz der Einwilligung gegen die guten Sitten verstößt. Hiermit ist nicht etwa die Einwilligung als gesetzlicher Rechtfertigungsgrund normiert, sondern § 228 stellt im Bereich der Körperverletzungsdelikte – und zwar nach h.M. **nur** dort – ein zusätzliches Wirksamkeitskriterium auf: Keine Sittenwidrigkeit der Tat! Sittenwidrig ist die Körperverletzung, wenn sie dem Anstandsgefühl aller billig und gerecht Denkenden widerspricht (h.M.). *110*

Bsp.: *O lässt sich von seinem Freund T lebensgefährlich verletzen, um bei seiner Versicherung einen Versicherungsfall vortäuschen zu können.*

Anmerkung: Nach ständiger Rechtsprechung wird die Einwilligung als eigener Rechtfertigungsgrund im Rahmen der Rechtswidrigkeit geprüft. Vergleichen Sie im Einzelnen dazu Hemmer/Wüst, Strafrecht AT I, Rn. 312 ff.

Taugliches Tatobjekt

Grundvoraussetzung für die Anwendbarkeit der Straftaten gegen die körperliche Unversehrtheit ist immer die **Verletzung einer *anderen* Person**. Taugliches Tatobjekt ist daher – wie auch bei den Tötungsdelikten (vgl. oben, Rn. 23) – ausschließlich der **lebende** Mensch. Der Integritätsschutz setzt folglich erst mit Beginn der Geburt ein *111*

Maßnahmen, die auf das ungeborene Leben während der Schwangerschaft einwirken und Missbildungen bei dem Embryo hervorrufen, sind daher i.S.d. Körperverletzungsdelikte nicht tatbestandsmäßig.

Solche pränatalen Handlungen unterfallen auch nicht dem Schutzbereich des § 218, wenn den Täter lediglich ein Fahrlässigkeitsvorwurf trifft. Bezüglich des Nasciturus bleiben sie demzufolge gänzlich ungeahndet. Eine Bestrafung wegen Körperverletzung der Mutter erscheint hingegen grundsätzlich möglich.

> ***Bsp.:** Ein großer Arzneimittelhersteller bringt fahrlässig Medikamente in Verkehr, die Missbildungen bei Embryos hervorrufen („Contergan-Fall").*

112

II. (Einfache) Körperverletzung, § 223

Der Tatbestand der Körperverletzung nennt zwei Begehungsalternativen: die **körperliche Misshandlung** und die **Gesundheitsschädigung**.

Daraus resultiert folgendes Prüfungsschema:

113

1. Prüfungsschema, § 223 I

I. Tatbestand

1. ObjektiverTatbestand

a) Körperliche Misshandlung und/oder

b) Gesundheitsschädigung

c) Kausalität

d) Objektive Zurechnung

2. Subjektiver Tatbestand

⇨ Vorsatz bezüglich objektivem Tatbestand

II. Rechtswidrigkeit

III. Schuld

IV. Ggf. Strafantrag, § 230 I

114

2. Die einzelnen Tatbestandsmerkmale

Def.: „Körperliche Misshandlung"

Körperliche Misshandlung ist jede üble, unangemessene Behandlung, durch die die körperliche Unversehrtheit **oder** das körperliche Wohlbefinden nicht nur unerheblich beeinträchtigt wird.

Bsp. 1: *T schlägt O mit der Faust ins Gesicht. O verliert einen Schneidezahn.*

Hier liegt eine körperliche Substanzverletzung und damit ein Eingriff in die **Körperintegrität** vor.

Bsp. 2: *T verpasst O eine schmerzhafte Ohrfeige.*

Die Ohrfeige ist ein Anwendungsbeispiel für eine Beeinträchtigung des **körperlichen Wohlbefindens**.

Bsp. 3: *T spuckt O ins Gesicht.*

Nach dem OLG Zweibrücken (NJW 1991, 240-241) erreicht ein derartiges Anspucken noch nicht die Erheblichkeitsschwelle, weshalb eine Bestrafung nach § 223 I abgelehnt wurde. Eine Strafbarkeit wegen tätlicher Beleidigung gemäß § 185 Var. 2 ließe sich jedoch legitimieren. Mit dem Merkmal der **Erheblichkeit** wird die Anwendbarkeit der Körperverletzungstatbestände auf Bagatellkriminalität von vornherein vermieden.

Def.: „Gesundheitsschädigung“

Gesundheitsschädigung ist jedes Hervorrufen oder Steigern eines pathologischen (krankhaften) Zustandes, also jede Negativabweichung vom körperlichen Normalzustand. *115*

Bsp.: *T bricht O ein Bein.*

Grundsätzlich kann der krankhafte Zustand sowohl körperlicher als auch seelischer Art sein. Allerdings muss eine solche psychische Beeinträchtigung auch gewisse physische Auswirkungen haben.

Bsp.: *Der Arzt T teilt der Mutter O vorsätzlich falsch mit, dass ihr Sohn soeben bei einem schweren Verkehrsunfall zu Tode gekommen sei. Infolgedessen erleidet O einen Herzinfarkt.*

Vorliegend hat die seelische Belastung durch den Arzt (falsche Todesnachricht) zu einem zurechenbaren, somatisch objektivierbaren pathologischen Zustand (Herzinfarkt) geführt. Eine Schädigung der Gesundheit ist gegeben.

Körperverletzung, § 223 I

Körperliche Misshandlung

- Üble, unangemessene Behandlung
- Beeinträchtigung von körperl. Wohlbefinden / Unversehrtheit

Gesundheitsbeschädigung

- Hervorrufen oder Steigern eines krankhaften Zustandes

3. Körperverletzung und AT- Probleme 116

Eines der typischen Klausurprobleme im Bereich der Körperverletzungsdelikte ist die umstrittene Frage, ob das Vorliegen eines **sog. „ärztlichen Heileingriffs"** bereits zu einem Tatbestandsausschluss führt oder erst auf Rechtswidrigkeitsebene zu berücksichtigen ist.

> ***Bsp.:*** *Arzt T entfernt seiner Patientin O (auf deren Wunsch) kunstgerecht ihre mit Krebstumoren durchsetzte Schilddrüse.*

*Große Teile der Literatur: **„Tatbestandslösung"***

Gewichtige Stimmen im Schrifttum vertreten die Auffassung, dass jedenfalls der von einer Heilungstendenz getragene 117

⇨ medizinisch indizierte und

⇨ kunstgerecht durchgeführte ärztliche Eingriff

nicht vom Körperverletzungstatbestand erfasst wird.

Argumente „pro Tatbestandslösung"

Für die Tatbestandslösung lässt sich anführen, dass der ärztliche Heileingriff unter den genannten Umständen nach seinem sozialen Sinngehalt keine Körperverletzung darstellt, da die körperliche Unversehrtheit nicht in diesem Sinne *verletzt* wird, sondern ihr gerade *gedient* werden soll. Insoweit fehle es an einem die Tatbestandsmäßigkeit begründenden Rechtsgutsangriff. 118

*BGH: **„Rechtfertigungslösung"***

Der BGH geht auch in Fällen einer medizinisch indizierten und an der ärztlichen lex artis orientierten Heilbehandlung von der Verwirklichung des objektiven und subjektiven Tatbestands des § 223 I aus. Die ständige Rechtsprechung (seit RGSt 25, 375) gelangt zu dem Ergebnis der Straflosigkeit über die Regeln der **rechtfertigenden Einwilligung**. Daraus resultiert für den behandelnden Arzt eine umfassende Aufklärungspflicht. 119

Argumente „pro Rechtfertigungslösung"

Die Einwilligungslösung wird vor allem dem *Selbstbestimmungsrecht* des Patienten gerecht und gewährleistet Schutz vor eigenmächtigen, aber medizinisch indizierten und kunstgerecht durchgeführten Heilbehandlungen.

hemmer-Methode: In der Klausur bleibt es Ihnen überlassen, welcher Ansicht Sie folgen. Es kommt an dieser Stelle nur auf eine saubere juristische Argumentation an.

Problemfeld: Ärztlicher Heileingriff

Teile der Literatur:
„Tatbestandslösung"

BGH:
„Rechtfertigungslösung"

III. Gefährliche Körperverletzung, § 224 120

In § 224 ist die gefährliche Körperverletzung geregelt. Hierbei handelt es sich um eine **Tatbestandsqualifikation**, deren Grund in der Gefährlichkeit der jeweiligen **Handlung** liegt, durch welche die Körperverletzung herbeigeführt wird.

§ 224 beschreibt in Absatz 1 Nr. 1 - 5 auf der Ebene des objektiven Tatbestands also den Angriff auf das Rechtsgut der körperlichen Unversehrtheit durch besonders gefährliche Verhaltensweisen.

Daran orientiert sich das nachstehende Aufbauschema.

1. Prüfungsschema, § 223 I sowie § 224 I (= getrennter Aufbau) 121

I. **Grundtatbestand, § 223 I (Tatbestand, RW, Schuld)**

II. **Qualifikationstatbestand, § 224 I Nr. 1 - 5**

1. **Tatbestandsmäßigkeit (objektiv / subjektiv)**
    a) **Nr. 1:** mittels Beibringung von Gift oder anderen gesundheitsschädlichen Stoffen
    b) **Nr. 2:** mittels einer Waffe oder eines anderen gefährlichen Werkzeugs
    c) **Nr. 3:** mittels eines hinterlistigen Überfalls
    d) **Nr. 4:** mit einem anderen Beteiligten gemeinschaftlich
    e) **Nr. 5:** mittels einer das Leben gefährdenden Behandlung
    f) **Vorsatz** bezüglich **a) – e)**
2. **Rechtswidrigkeit**
3. **Schuld**

hemmer-Methode: Qualifikationstatbestände setzen voraus, dass der Grundtatbestand – hier die Körperverletzung – erfüllt wurde.
Möglich ist es deshalb, in der Klausursituation zunächst § 223 zu prüfen und erst anschließend auf § 224 einzugehen. Gerade wenn Sie unter Zeitdruck sind, kann es aber angeraten sein, beide Vorschriften zusammen zu prüfen.

2. Die einzelnen Tatbestandsmerkmale 122

§ 224 I impliziert insgesamt fünf qualifizierende Begehungsvarianten.

a) Beibringung von Gift oder anderen gesundheitsschädlichen Stoffen 123

Def.: „Gift"

Gift i.S.d. § 224 I Nr. 1 ist eine Substanz, die im konkreten Fall durch ihre chemische oder chemisch-physikalische Wirkung geeignet ist, erhebliche gesundheitliche Schäden zu verursachen.

> ***Bsp.:*** *T verätzt den Oberkörper der O mit Salzsäure.*

Def.: „Andere gesundheitsschädliche Stoffe"

Andere gesundheitsschädliche Stoffe wirken dagegen mechanisch oder thermisch, aber auch sie müssen nach der konkreten Art der Verwendung geeignet sein, die Gesundheit des Opfers erheblich zu schädigen.

> ***Bsp.:*** *T reicht O ein mit Bakterien verseuchtes Glas Wasser. Daraufhin erleidet sie eine schwere bakterielle Infektion.*

Anmerkung: Beachten Sie, dass es für die Beurteilung der Gefährlichkeit eines Stoffes stets auf den konkreten Einzelfall ankommt. Somit können auch an sich ungefährliche Substanzen – wie beispielsweise Speisesalz – unter den Tatbestand des § 224 I Nr. 1 fallen (vgl. BGH NJW 2006, 1822-1824 = Life&Law 2006, Heft 8, 538-543)

Def.: „Beibringung"

Unter **Beibringung** versteht man das Herstellen einer Verbindung der Stoffe mit dem Körper in der Weise, dass sie ihre schädigende Eigenschaft zu entfalten in der Lage sind. Nach h.M. genügt für ein Beibringen auch die äußere Anwendung der Substanz, etwa beim Überschütten mit Säure.

b) Mittels einer Waffe oder eines anderen gefährlichen Werkzeugs 124

Gefährlich ist nach § 224 I Nr. 2 auch eine Körperverletzung, die mittels einer Waffe oder eines anderen gefährlichen Werkzeugs begangen wird. Das gefährliche Werkzeug bildet dabei den Oberbegriff.

Def.: „Waffe"

Waffe ist hier im strafrechtstechnischen Sinne gemeint, d.h. es muss sich um einen Gegenstand handeln, der **seiner Natur nach** dazu bestimmt ist, Verletzungen beizubringen. Erfasst sind damit u.a. solche, die in § 1 WaffG bezeichnet sind.

> **Bsp.:** *T verletzt O durch einen Pistolenschuss.*

Def.: „Gefährliches Werkzeug"

Gefährliches Werkzeug ist jeder Gegenstand, der nach seiner objektiven Beschaffenheit und nach der Art seiner **konkreten Verwendung** im Einzelfall geeignet ist, erhebliche Körperverletzungen zuzufügen.

Es kommt also jeweils darauf an, in welcher Weise der Täter den Gegenstand verwendet. Deshalb kann auch der Einsatz von „Alltagsgegenständen" als gefährlich i.S.d. § 224 I Nr. 2 Alt. 2 einzustufen sein.

> **Bsp.:** *T sticht mit einem spitzen Bleistift in das Auge des O.*

Eigene Körperteile

Vom Anwendungsbereich der Norm ausgenommen sind allerdings eigene Körperteile, da sich der Wortlaut ausschließlich auf gegenständliche Tatmittel bezieht (h.L.).

> **Bsp.:** *Karatekämpfer T verpasst seinem Erzfeind O einen gezielten Handkantenschlag.*

Unbewegliche Gegenstände, str.

Streitig ist, ob sich auch **unbewegliche Gegenstände** unter das Merkmal „gefährliches Werkzeug" subsumieren lassen. 125

> **Bsp.:** *T stößt O gewaltsam mit dem Kopf gegen eine Hauswand.*

BGH und h.L.

Nach der Rechtsprechung des **BGH** und dem wohl überwiegenden Teil des Schrifttums sind unbewegliche Gegenstände (Hauswand) schon nicht vom Wortlaut des § 224 I Nr. 2 erfasst. Darüber hinaus soll die Formulierung „mittels" darauf hindeuten, dass der Gegenstand auf das Opfer hinbewegt werden muss und nicht umgekehrt. 126

Meist kann in derartigen Konstellationen aber ohnehin auf die fünfte Begehungsvariante („lebensgefährliche Behandlung“, § 224 I Nr. 5) zurückgegriffen werden, so dass regelmäßig keine Strafbarkeitslücke entsteht.

M.M.

Überwiegend auf Schutzzweckaspekte abstellende Ansichten wollen hingegen auch unbewegbare Gegenstände mit einbeziehen. Hiernach käme es lediglich darauf an, ob der Täter den Gegenstand bewusst als Mittel für eine erhebliche Körperverletzung einsetzt. 127

hemmer-Methode: In der Klausur steht es Ihnen natürlich frei, welcher Ansicht Sie folgen. Im Kontext sollten Sie dennoch nicht vergessen, dass die Beachtung der Wortlautgrenze ein verfassungsrechtlich vorgegebenes Gebot (Art. 103 II GG) darstellt.
Insoweit lässt sich mit dem BGH – und wie in der Kommentarliteratur zutreffend formuliert wird – wohl kaum bestreiten, dass nach dem allgemeinen Wortverständnis „ein See, ein Abgrund oder die heiße Sonne“ keine „Werkzeuge“ sein können. Zwecks Wiederholung des Gesetzlichkeitsprinzips lesen Sie Rn. 8 ff.

Mit Blick auf die hohe Prüfungsrelevanz gerade des § 224 I Nr. 2 soll Ihnen im Folgenden einmal die Problematik der Körperverletzungsdelikte anhand eines gutachtlich aufgearbeiteten (einfachen) Fallbeispiels demonstriert werden:

Fallbeispiel und Methodik der Fallbearbeitung

Bsp.: *T ist über den zotteligen Bart ihres Mannes O, auf den dieser besonders stolz ist, sehr verärgert. Als O eines Abends von der Arbeit heimkehrt, schneidet sie ihm unerwartet den langen Bart mit einer Schere ab. O ist erbost und stellt Strafantrag (§ 230 I).*

Hat sich T nach §§ 223 I, 224 I Nr. 2 strafbar gemacht? 128

A. Strafbarkeit wegen Körperverletzung, § 223 I

Durch das Abschneiden des Bartes könnte sich T wegen einer Körperverletzung gemäß § 223 I strafbar gemacht haben.

I. Tatbestandsmäßigkeit

Der Tatbestand des § 223 I verlangt dafür eine vorsätzliche körperliche Misshandlung oder eine Schädigung der Gesundheit.

1. **Körperliche Misshandlung** ist jede üble, unangemessene Behandlung, durch die das körperliche Wohlbefinden oder die körperliche Unversehrtheit nicht nur unerheblich beeinträchtigt wird.

Durch das Abschneiden des Bartes erlitt O eine körperliche Substanzverletzung und damit einen Eingriff in seine Körperintegrität. Die Erheblichkeit der Beeinträchtigung seiner körperlichen Unversehrtheit ergibt sich dabei aus dem Umstand, dass es bei einem langen Bart sehr viel Zeit braucht, bis dieser wieder nachwächst. Zudem war O auf diesen besonders stolz. Die Voraussetzungen eines körperlichen Misshandelns sind damit gegeben.

hemmer-Methode: Auf das Merkmal der Gesundheitsschädigung muss hier nicht zwingend eingegangen werden. Schließlich ist es nahezu offensichtlich, dass die zweite Tatbestandsalternative nicht einschlägig ist.

2. Das Abschneiden des Bartes muss auch **kausal** (= ursächlich) für die körperliche Misshandlung des O gewesen sein.

Kausal ist jede Bedingung eines Erfolges, die nicht hinweggedacht werden kann, ohne dass der Erfolg in seiner konkreten Gestalt entfiele („conditio sine qua non–Formel“). Hätte T nicht den zotteligen Bartwuchs des O entfernt, so wäre dieser nicht in seiner körperlichen Unversehrtheit tangiert worden. Also stellt die Handlung der T eine Bedingung dar, die nicht hinweggedacht werden kann, ohne dass der Erfolg der körperlichen Misshandlung entfiele. Kausalität liegt also vor.

3. Des Weiteren muss der tatbestandliche Erfolg des § 223 I der T auch **objektiv zuzurechnen** sein. Objektiv zurechenbar ist ein Erfolg, wenn der Täter eine rechtlich missbilligte Gefahr geschaffen hat, die sich im tatbestandsmäßigen Erfolg realisiert hat. Indem T dem O den Bart abschnitt, hat sie ein rechtlich relevantes Risiko gesetzt, das sich in der körperlichen Misshandlung des O niedergeschlagen hat. Daher ist der Erfolg der T auch objektiv zurechenbar.

4. Eine Bestrafung der T gemäß §§ 223 I, 15 setzt weiter voraus, dass diese **vorsätzlich** gehandelt hat. Vorsatz ist der Wille zur Verwirklichung eines Straftatbestands in Kenntnis aller seiner objektiven Tatumstände. T war sich bewusst, dass sie durch ihr Verhalten die körperliche Unversehrtheit des O nicht ganz unerheblich beeinträchtigt. Genau das wollte sie auch. Mithin handelte T vorsätzlich.

Folglich ist das Abschneiden des Bartes i.S.d. der einfachen Körperverletzung tatbestandsmäßig.

II./III. Rechtswidrigkeit und Schuld

Die Tat geschah **rechtswidrig** und **schuldhaft**.

T hat sich wegen einer einfachen Körperverletzung gemäß § 223 I Alt. 1 strafbar gemacht.

hemmer-Methode: Wie Sie bestimmt gemerkt haben, wurde hier eine besonders ausführliche Darstellung des § 223 I gewählt. Damit sollte nochmals die Methodik der Fallbearbeitung demonstriert werden. In einer Klausur können Sie sich an einigen Stellen (Kausalität, Zurechnung) bestimmt kürzer fassen. Vernachlässigen Sie allerdings in Anfängerübungen nie den **Gutachtenstil**. Auf die Beherrschung desselben wird vor allem bei der Zwischenprüfung großen Wert gelegt.

B. Strafbarkeit wegen gefährlicher Körperverletzung, § 224 I Nr. 2. 129

T könnte sich auch wegen einer gefährlichen Körperverletzung nach § 224 I Nr. 2 strafbar gemacht haben, indem sie O den Bart mit einer Schere abgeschnitten hat.

I. Tatbestandsmäßigkeit

Voraussetzung hierfür ist, dass T die Körperverletzung vorsätzlich mittels einer Waffe oder eines anderen gefährlichen Werkzeugs begangen hat, § 224 I Nr. 2.

1. Der Begriff „**Waffe**“ ist hierbei im technischen Sinne zu verstehen, d.h. es muss sich um einen Gegenstand handeln, der seiner Natur nach dazu bestimmt ist, Verletzungen beizubringen. Eine Schere wird diesen Definitionsanforderungen nicht gerecht. Sie dient vielmehr dem häuslichen Gebrauch und ist daher keine Waffe.

2. Es könnte sich jedoch um ein **gefährliches Werkzeug** handeln. Darunter ist ein Gegenstand zu verstehen, der nach seiner objektiven Beschaffenheit und nach der Art seiner konkreten Verwendung im Einzelfall geeignet ist, erhebliche Körperverletzungen zuzufügen. Die konkrete Art der Verwendung der Schere als solche war hier ungefährlich - sie wurde funktionsgerecht benutzt. Durch das Abschneiden der Haare mit der Schere konnte T dem O keine schwereren Verletzungen zufügen. Damit liegt kein gefährliches Werkzeug vor.

Das qualifizierende Merkmal des § 224 I Nr. 2 ist nicht erfüllt. Es mangelt bereits an der objektiven Tatbestandsmäßigkeit, so dass eine Bestrafung wegen gefährlicher Körperverletzung ausscheidet.

C. Gesamtergebnis

T ist lediglich nach § 223 I strafbar. Der erforderliche **Strafantrag** (§ 230 I) wurde vorliegend gestellt.

c) Mittels eines hinterlistigen Überfalls 130

Auch eine Körperverletzung mittels eines hinterlistigen Überfalls hat qualifizierende Wirkung, vgl. § 224 I Nr. 3. Grund hierfür ist insbesondere die erhöhte Gefährlichkeit, die ein überraschender Angriff mit sich bringt.

Def.: „Hinterlistiger Überfall“

Ein **Überfall** ist ein plötzlicher, unvorhergesehener Angriff. **Hinterlistig** ist der Überfall, wenn der Täter seine Absicht planmäßig verdeckt und gerade dadurch die Abwehrbereitschaft des Opfers schwächen will.

> **Bsp.:** *T nähert sich der Oma O und gibt vor, dieser über die Straße helfen zu wollen. Als diese ihren Arm zu T dankend ausstreckt, nutzt T dies wie geplant und reißt O um.*

Das bloße Ausnutzen des Überraschungseffekts reicht allerdings nicht aus. Denn dann hat der Täter lediglich eine günstige Situation ausgenutzt und nicht „planmäßig“ gehandelt. Gerade dies aber setzt nach h.M. der Wortlaut voraus (hinter-„listig“).

> **Bsp.:** *T schlägt O von hinten nieder.*

Anmerkung: Wegen des Erfordernisses der Planmäßigkeit ist das Merkmal der Hinterlist nicht deckungsgleich mit der Heimtücke beim Mord (§ 211 II). Das bloße Ausnutzen der Arg- und Wehrlosigkeit des Tatopfers ist daher für § 224 I Nr. 4 nicht ausreichend. Der hinterlistige Überfall wird also enger ausgelegt als das Heimtückemerkmal. Zum Mord vgl. oben, Rn. 52 ff.

d) Mit einem anderen Beteiligten gemeinschaftlich 131

An eine von mehreren Beteiligten gemeinschaftlich begangene Körperverletzung ist in § 224 I Nr. 4 ebenfalls eine erhöhte Strafandrohung geknüpft.

Def.: „Beteiligter“

Beteiligter ist jeder Täter oder Teilnehmer (vgl. die Legaldefinition in § 28 II).

Def.: „Gemeinschaftlich“

Diese müssen **gemeinschaftlich** handeln. Hierfür ist Voraussetzung, dass mindestens **zwei Beteiligte am Tatort** einverständlich zusammenwirken. Zur Bejahung des Merkmals „gemeinschaftlich“ müssen jedoch nicht die Voraussetzungen einer Mittäterschaft i.S.v. § 25 II vorliegen (h.M.).

Bsp.: *T und A beschließen, den O körperlich zu traktieren. Dabei schlägt T brutal auf O ein. A steht daneben und feuert seinen Kumpel begeistert an.*

Dass A nicht unmittelbar an der Verletzungshandlung mitwirkt und sich sein Tatbeitrag eher als bloße Teilnahmehandlung darstellt, ist unschädlich. Entscheidend ist, dass O durch die tatsächliche Erhöhung der Angreiferzahl massiv in seinen Abwehrmöglichkeiten beschränkt ist. Somit haben sich die Beteiligten T und A wegen gefährlicher Körperverletzung gemäß § 224 I Nr. 4 strafbar gemacht.

hemmer-Methode: Straferhöhend ist demnach, dass das Opfer sich mehreren Beteiligten gegenübersieht und deshalb eine unterlegene Stellung einnimmt.

e) Mittels einer das Leben gefährdenden Behandlung 132

Def.: „Lebensgefährliche Behandlung“

Eine **lebensgefährliche Behandlung** liegt vor, wenn die Verletzungshandlung objektiv geeignet war, das Opfer in Lebensgefahr zu bringen.

Bsp.: *T wirft O bei Tempo 100 km/h aus dem fahrenden Auto.*

Umstritten ist, ob § 224 I Nr. 5 eine konkrete oder abstrakte Lebensgefahr voraussetzt.

Nach **h.M.** reicht dafür eine **abstrakte Gefahr** für das Leben aus.

Die Gegenansicht verlangt das Vorliegen einer konkreten Lebensgefahr.

Für die h.M. spricht der Vergleich mit den anderen Begehungsvarianten des § 224 I, die jeweils auch ein gefährliches Handeln, aber gerade nicht den Eintritt einer konkreten Gefahr voraussetzen. Zudem wäre sonst die Bedeutung des § 224 I Nr. 5 neben den Tötungsdelikten sehr begrenzt. Schließlich legt die nicht allzu hohe Strafandrohung des § 224 I nahe, dass eine konkrete Lebensgefahr im Rahmen des § 224 I Nr. 5 gerade nicht zu fordern ist.

hemmer-Methode: Letztlich lässt der Wortlaut beide Interpretationen zu. Umso mehr ist dann Ihre systematische und teleologische Argumentation gefragt.

IV. Misshandlung von Schutzbefohlenen, § 225 133

Einen weiteren **Qualifikationstatbestand** stellt § 225 dar. Erschwerungsgrund bildet dabei die verwerfliche Missachtung eines bestimmten Schutzverhältnisses.

§ 225 normiert ein **Sonderdelikt**, d.h. Täter einer Misshandlung von Schutzbefohlenen kann nur sein, wer in einer besonderen Nähebeziehung (vgl. § 225 I Nr. 1 – 4) zu dem Tatopfer steht.

Grds. § 28 II

Diese Schutzpflichten gelten nach allgemeiner Ansicht als **täterbezogene** Merkmale i.S.v. § 28. Nach h.L. ist für nicht schutzpflichtige Teilnehmer generell § 28 II einschlägig, außer es handelt sich um einen (strafbarkeitsbegründenden) Fall des rein psychischen Quälens, der wegen des Erfordernisses der körperlichen Beeinträchtigung nicht als Körperverletzung gemäß § 223 I gewertet werden kann und deshalb § 28 I für den Anstifter oder Gehilfen Anwendung finden muss.

> ***Bsp.:*** *A bewegt die Mutter T des 11 Jahre alten O dazu, ihren Sohn des Öfteren in Todesangst zu versetzen, damit aus O später auch mal ein richtiger Mann wird.*
>
> T steht zu O in einem Fürsorgeverhältnis i.S.d. § 225 I Nr. 1, hat diesem erhebliche seelische Leiden zugefügt und somit gequält. Demnach hat sie sich wegen Misshandlung von Schutzbefohlenen strafbar gemacht.
>
> A hingegen hat gegenüber O keine besondere Schutzpflicht. Als Teilnehmer kommt für ihn die Strafrahmenverschiebung des § 28 I zur Anwendung, da es sich bei dem Merkmal des rein psychischen Quälens um ein strafbegründendes Element handelt. Daher gilt A als Anstifter zu einer Misshandlung von Schutzbefohlenen gemäß §§ 225 I, 26. Seine Strafe ist aber nach §§ 28 I, 49 I zu mildern.

Sonderfall

Anmerkung: Bei exakter Analyse ergibt sich also, dass § 225 in der Variante des rein seelischen Quälens nicht die einfache Körperverletzung qualifiziert, sondern in dieser Ausnahmekonstellation einen **selbstständigen Tatbestand** beinhaltet.

1. Prüfungsschema, § 225 134

I. Grundtatbestand, § 223 I (Tatbestand, RW, Schuld)

II. Qualifikationstatbestand, § 225 I Nr. 1 - 4

1. Tatbestandsmäßigkeit (objektiv / subjektiv)

a) Tatobjekt: Person unter 18 Jahren oder eine wegen Gebrechlichkeit oder Krankheit wehrlose Person

b) Tauglicher Täter: Nur derjenige, der in einem Schutzverhältnis i.S.d. § 225 I Nr. 1 - 4 zum Opfer steht

c) Tathandlung: Quälen, rohes Misshandeln oder Schädigung der Gesundheit durch Vernachlässigung der Sorgepflicht

d) Vorsatz bezüglich **a)** bis **c)** und bei der Sorgepflichtvernachlässigung „Böswilligkeit“

2. Rechtswidrigkeit

3. Schuld

2. Die einzelnen Tatbestandsmerkmale 135

In der Klausur ist es vor allem wichtig, dass Sie die Definitionen der einzelnen Tathandlungen beherrschen, weshalb das Hauptaugenmerk im Folgenden insbesondere auf die Merkmale „Quälen“, „rohes Misshandeln“ und „böswillige Vernachlässigung der Sorgepflicht“ gelegt wird. Der taugliche Opferkreis und das erforderliche Schutzverhältnis lassen sich ohnehin meist unproblematisch bejahen.

Def.: „Quälen“

Quälen ist das Zufügen von seelischem oder körperlichem Leid oder länger dauernder bzw. sich wiederholender Schmerzen. 136

> ***Bsp.:*** *Das Kindermädchen drückt um der Bestrafung willen zum wiederholten Male Zigarettenkippen auf dem Handrücken des kleinen Jungen aus.*

Def.: „Rohes Misshandeln“

Rohes Misshandeln ist eine erhebliche Beeinträchtigung des körperlichen Wohlbefindens aus gefühlloser, unbarmherziger Gesinnung. 137

> ***Bsp.:*** *Aus Hass gegenüber alten Menschen schlägt der Pflegedienstmitarbeiter den bettlägerigen Patienten allmorgendlich beim Waschen.*

Def.: „Böswillige Vernachlässigung der Sorgepflicht“

Eine **Sorgepflicht wird böswillig vernachlässigt**, wenn ihr der Täter aus einem besonders verwerflichen Beweggrund nicht nachkommt. In dieser Variante ist § 225 I also ein Unterlassungsdelikt. 138

> **Bsp.:** *Eine Mutter lässt ihr Kind über mehrere Wochen alleine zu Hause, um sich auf Mallorca zu vergnügen. Das Kind trägt deshalb erhebliche gesundheitliche Schäden davon.*

§ 225 III: Tatbestandsqualifikation

§ 225 III umfasst noch zwei weitere Gefährdungsqualifikationen. § 18 gilt hier nicht. Beide Qualifikationsvarianten müssen vom Vorsatz des Täters getragen sein. 139

140

V. Erfolgsqualifikationen, §§ 226, 227

Die schwere Körperverletzung (§ 226) und die Körperverletzung mit Todesfolge (§ 227) sind nach ihrer Deliktsnatur **Erfolgsqualifikationen**.

Anmerkung: Ausführlich dargestellt werden die erfolgsqualifizierten Delikte von *Berberich,* Life&Law 2009, Heft 3, 201-209.

Erfolgsqualifikationen

Von erfolgsqualifizierten Delikten spricht man, wenn die Qualifikation zusätzlich zur Verwirklichung des Grundtatbestands - hier § 223 - den Eintritt eines weiteren tatbestandlichen Erfolgs verlangt. Diese lassen sich regelmäßig schon am Wortlaut der jeweiligen Vorschrift erkennen. Kennzeichnend sind insbesondere die Formulierungen **„verursacht ... durch“** (vgl. § 227) bzw. **„hat ... zur Folge“** (vgl. § 226 I).

Darüber hinaus bilden erfolgsqualifizierte Delikte grundsätzlich **Verbrechenstatbestände** (§ 12 I), d.h. auf Rechtsfolgenseite beträgt das Mindestmaß der Freiheitsstrafe ein Jahr. Gerade diese erhöhte Strafandrohung ist bei der Auslegung der Tatbestandsmerkmale zu berücksichtigen.

hemmer-Methode: Eine solche Tatbestandsinterpretation wird auch „rechtsfolgenorientierte“ Auslegung genannt. Dies bedeutet, dass je höher die Strafandrohung ist, desto höhere Anforderungen an die Bejahung der Strafbarkeitsvoraussetzungen zu stellen sind. Eine andere wichtige Regel ist, dass Ausnahmevorschriften restriktiv (d.h. eng) auszulegen sind, um nicht das Regel-Ausnahme-Verhältnis auf den Kopf zu stellen.

Unmittelbarkeitsbeziehung

Wegen der hohen Strafandrohung bei den erfolgsqualifizierten Delikten wird im Allgemeinen ein **tatbestandsspezifischer Gefahrzusammenhang** zwischen Grunddelikt und der schweren Folge verlangt. 141

Dieser tatbestandsspezifische Zusammenhang (auch „Unmittelbarkeitszusammenhang" genannt) stellt eine Präzisierung der Lehre von der objektiven Zurechnung dar, die ihrerseits als normatives Korrektiv der weiten Kausalitätsformel (Äquivalenztheorie) fungiert. Wie eng der Unmittelbarkeitszusammenhang zu verstehen ist, hängt von der Auslegung des konkreten Straftatbestands ab. Gerade die typische Gefahr des Grundtatbestands muss sich im konkreten Erfolg realisiert haben. Näheres dazu unter Rn. 152 ff.

§ 18 Hinsichtlich der **Zurechnungsvoraussetzungen** enthält § 18 beim Umgang mit Erfolgsqualifikationen eine spezielle Regelung. *142*

Danach ist gerade nicht erforderlich, dass sich der Vorsatz auf den Eintritt der schweren Folge erstreckt. Vielmehr genügt auch Fahrlässigkeit. Aus der Formulierung „wenigstens" in § 18 ergibt sich aber, dass – falls der Täter sogar vorsätzlich die schwere Folge herbeiführt – die Anwendung der Erfolgsqualifikation erst recht möglich sein muss.

Anmerkung: Teilweise enthalten Tatbestände des BT jedoch von § 18 abweichende Regelungen. Beispielsweise verlangt § 251 (Raub mit Todesfolge) eine gesteigerte Form der Fahrlässigkeit, nämlich Leichtfertigkeit (im Sinne einer groben Fahrlässigkeit).

1. Schwere Körperverletzung, § 226 *143*

Der Qualifikationsgrund des § 226 ist in dem **Ausmaß** der vom Täter verursachten Körperschäden zu erblicken. Die schweren Folgen sind in Absatz 1 Nr. 1 – 3 abschließend aufgelistet. Führt der Täter den qualifikationsbegründenden Taterfolg sogar absichtlich oder wissentlich herbei, erhöht sich das Mindestmaß der Freiheitsstrafe auf drei Jahre, § 226 II.

a) Prüfungsschema, § 226 *144*

I. Grundtatbestand, §§ 223 ff. (Tatbestand, RW, Schuld)

II. Erfolgsqualifikation, § 226 I Nr. 1 – 4

1. Eintritt der schweren Folge

a) Nr. 1: Verlust des Sehvermögens auf einem oder beiden Augen, des Gehörs, des Sprechvermögens oder der Fortpflanzungsfähigkeit

b) Nr. 2: Verlust oder dauernde Unbrauchbarkeit eines wichtigen Körpergliedes

c) Nr. 3: Dauerhafte Entstellung in erheblicher Weise oder Verfall in Siechtum, Lähmung, geistiger Krankheit oder Behinderung

2. **Kausalität und Unmittelbarkeitszusammenhang zwischen Grunddelikt und schwerer Folge**
3. **Objektive und subjektive Fahrlässigkeit bzw. Vorsatz, vgl. § 18**
4. **Sonderfall: Erfolgsqualifikation gemäß § 226 II**

⇨ Absichtliche oder wissentliche Erfolgsverursachung

hemmer-Methode: Hier wird dem Aufbau gefolgt, welcher zunächst den Grundtatbestand komplett abhandelt und im Anschluss die zusätzlichen Merkmale der Erfolgsqualifikation mit einem eigenen Aufbau ohne Differenzierung nach Tatbestand, Rechtswidrigkeit und Schuld durchprüft. Möglich ist auch eine „kombinierte" Prüfung von Grundtatbestand und Erfolgsqualifikation. Wie immer gilt: Aufbaufragen sind nicht zu diskutieren, sondern es ist einem anerkannten Modell einfach zu folgen.

b) Die einzelnen Tatbestandsmerkmale 145

Die meisten Definitionen ergeben sich hier schon aus dem Gesetzeswortlaut, weshalb im Folgenden ausschließlich die problematischen Tatbestandsmerkmale angesprochen werden. Auf das Merkmal des Unmittelbarkeitszusammenhangs wird noch ausführlich im Rahmen des § 227 eingegangen, siehe Rn. 152 ff.

Anmerkung: Wenn Sie sich intensiver mit den Tatbestandsmerkmalen des § 226 I auseinandersetzen wollen, lesen Sie dazu Hemmer/Wüst, Strafrecht BT II, Rn. 95 ff.

Def.: „wichtiges Glied"

Auslegungsschwierigkeiten bereitet insbesondere der Begriff des **„wichtigen Gliedes"**, § 226 I Nr. 2. 146

Nach allgemeinem Wortverständnis sind von der Formulierung **„Gliedmaßen"** nur diejenigen Körperteile erfasst, die mit dem Rumpf oder einem Körperteil durch Gelenk verbunden sind.

Bsp.: *T schlägt O mit einem Baseballschläger auf den rechten Oberarm. O erleidet eine inoperable Fraktur, weshalb ihm der Arm amputiert werden muss.*

Bei **inneren Organen**, wie z.B. der Leber, ist § 226 I Nr. 2 demnach nicht erfüllt. Teilweise wird aber vertreten, dass wegen deren Bedeutung für den Gesamtorganismus auch innere Organe unter den Anwendungsbereich der Norm fallen. Nach wohl h.M. und der Rechtsprechung des BGH wird damit aber die Grenze (extensiver) Wortlautauslegung überschritten.

hemmer-Methode: Hier spiegelt sich die typische Schwierigkeit wider, die sich aus dem strengen Analogieverbot im Strafrecht (Art. 103 II GG, § 1 StGB) ergibt: Manchmal müssen unbefriedigende Ergebnisse hingenommen werden, will man den Wortlaut als Grenze der Auslegung ernst nehmen.

Für die Bestimmung der **Wichtigkeit** eines Gliedes kommt es entscheidend auf seine Bedeutung für den Gesamtorganismus an. *147*

> ***Bsp.:*** *T verdreht den Finger des O. Infolgedessen kann O seinen rechten Daumen nicht mehr bewegen.*

Streitig ist hingegen, ob überdies auch die individuellen Verhältnisse des Opfers zu berücksichtigen sind.

> ***Bsp.:*** *T bricht dem Geigenvirtuosen O den kleinen Finger, so dass dieser nicht mehr einsatzfähig ist und O seine berufliche Tätigkeit einstellen muss.*
>
> Objektiv betrachtet spielt der kleine Finger des Betroffenen für den Gesamtorganismus lediglich eine untergeordnete Rolle. An sich greift § 226 I Nr. 2 daher nicht ein. Fraglich ist aber, inwieweit die persönlichen Umstände des Tatopfers in die Auslegung mit einfließen müssen.
>
> Nach einigen Stimmen in der Literatur ist das Merkmal der Wichtigkeit aus der Perspektive des Verletzten zu bestimmen.
>
> Mit Blick auf den Wortlaut, wonach auf den Verlust eines wichtigen Gliedes „des Körpers" abgestellt wird, liegt allerdings die Anwendung eines generalisierenden Maßstabs näher. „Nichtkörperliche" Aspekte – z.B. der Beruf des Opfers – sind demzufolge außer Acht zu lassen. T ist nicht wegen schwerer Körperverletzung strafbar (a.A. gut vertretbar).

hemmer-Methode: Der BGH hat entschieden, dass für die Beurteilung der Frage, ob ein Körperglied „wichtig" ist im Sinne des § 226 I Nr. 2, auch **individuelle Körpereigenschaften des Verletzten** (z.B. in Gestalt von körperlichen Vorschädigungen) zu berücksichtigen sind, vgl. BGH, NStZ 2007, 470-471 = Life&Law 2007, Heft 9, 613-615.

Subjektiver Tatbestand, § 226 I

Zu beachten ist, dass § 226 als erfolgsqualifiziertes Delikt nicht nur bedingt vorsätzlich, sondern auch fahrlässig verwirklicht sein kann, § 18. 148

Handelt der Täter absichtlich oder mit sicherem Wissen, ist Absatz 2 einschlägig, der auf der Rechtsfolgenseite eine nochmals im Mindestmaß erhöhte Freiheitsstrafe von nicht unter drei Jahren (!) vorsieht.

Erfahrungsgemäß bereitet gerade den Studenten der ersten Semester die gutachtliche Darstellung von Erfolgsqualifikationen erhebliche Schwierigkeiten.

Zur Verinnerlichung des Prüfungsaufbaus lesen Sie das folgende Fallbeispiel.

Fall

Bsp.: *T schlägt dem O mit der Faust so heftig ins Gesicht, dass dieser auf einem Auge blind wird. Diese Folge war voraussehbar, aber von T nicht erkannt worden.* 149

Hat sich T nach § 223 I bzw. § 226 I Nr. 1 strafbar gemacht?

A. Strafbarkeit wegen Körperverletzung, § 223 I

Möglicherweise hat T sich wegen Körperverletzung gemäß § 223 I strafbar gemacht, indem er O so heftig ins Gesicht schlug, dass dieser auf einem Auge erblindete.

I. Tatbestandsmäßigkeit

Hierfür setzt § 223 I eine vorsätzliche körperliche Misshandlung oder eine Schädigung der Gesundheit voraus. Mit dem Schlag ins Gesicht, der die Erblindung des O zur Konsequenz hatte, hat T einen anderen Menschen erheblich in seiner körperlichen Unversehrtheit beeinträchtigt und in kausaler und zurechenbarer Weise einen pathologischen Zustand vorsätzlich hervorgerufen.

T´s Verhalten war somit objektiv und subjektiv tatbestandlich i.S.d. § 223 I.

II./III. Rechtswidrigkeit und Schuld

Die Tat geschah **rechtswidrig** und **schuldhaft**.

T hat sich wegen einfacher Körperverletzung gemäß § 223 I Alt. 1 strafbar gemacht.

B. Strafbarkeit wegen schwerer Körperverletzung, § 226 I Nr. 1

T könnte sich auch wegen einer schweren Körperverletzung nach § 226 I Nr. 1 strafbar gemacht haben, indem er O derart heftig ins Gesicht schlug, dass er auf einem Auge erblindete.

I. Eintritt der schweren Folge

Die Anwendbarkeit der Erfolgsqualifikation des § 226 I Nr. 1 erfordert, dass das Tatopfer in Folge der Körperverletzung das Sehvermögen auf einem Auge oder beiden Augen verloren hat.

Sehvermögen ist die Fähigkeit, Gegenstände visuell wahrnehmen zu können. O ist auf einem Auge erblindet und kann seine Umgebung optisch also nur noch eingeschränkt wahrnehmen. Die schwere Folge des § 226 I Nr. 1 ist demnach eingetreten.

II. Kausalität und Unmittelbarkeitszusammenhang

Über einen natürlichen Kausalzusammenhang hinausgehend verlangt § 226 I, dass die qualifizierende Folge **unmittelbar** durch die Körperverletzung verursacht worden ist, d.h. es muss sich eine im Grunddelikt typischerweise angelegte Gefahr verwirklicht haben (sog. **tatbestandsspezifischer Gefahrzusammenhang**). Mit einem heftigen Faustschlag ins Gesicht ist stets das typische Risiko verbunden, dass der Betroffene sein Augenlicht verliert. Die der einfachen Körperverletzung anhaftende Gefahr hat sich vorliegend gerade realisiert. Die geforderte Unmittelbarkeitsbeziehung ist mithin gegeben.

III. Objektive und subjektive Fahrlässigkeit bzw. Vorsatz

In subjektiver Hinsicht muss T **wenigstens fahrlässig** gehandelt haben, §§ 226 I, 18.

a) Dolus eventualis setzt wenigstens das Erkennen der Möglichkeit der Tatbestandsverwirklichung voraus, § 16 I. Vorliegend erkannte T nicht, dass sein Schlag zu einer Erblindung des O führen würde. Mangels Tatumstandskenntnis hat T daher keinen Vorsatz.

b) Wegen § 18 reicht aber eine fahrlässige Verursachung der schweren Folge aus. Fahrlässig handelt, wer die objektive Sorgfaltspflicht verletzt, d.h. sich objektiv sorgfaltswidrig verhält. Ein derartiger Kausalverlauf liegt noch im Rahmen der allgemeinen Lebenserfahrung und ist somit vorhersehbar. Objektive Fahrlässigkeit ist deshalb zu bejahen. Daneben müsste auch T die ihm mögliche Sorgfaltspflicht verletzt haben. Es ist nicht ersichtlich, dass gerade T zur Einhaltung der objektiven Sorgfaltspflicht außer Stande war. Folglich handelte er subjektiv fahrlässig.

IV. Ergebnis / Konkurrenzen

T hat sich wegen schwerer Körperverletzung gemäß § 226 I Nr. 1 strafbar gemacht. § 223 I wird von § 226 I Nr. 1 im Wege der Gesetzeskonkurrenz (Spezialität) verdrängt.

2. Körperverletzung mit Todesfolge, § 227 150

Die Vorschrift des § 227 enthält eine Kombination aus vorsätzlicher Körperverletzung (§§ 223, 224, 225) und fahrlässiger Tötung (§ 222). Neben der körperlichen Unversehrtheit wird also auch das Leben geschützt.

a) Prüfungsschema, § 227 I 151

I. Grundtatbestand, §§ 223 ff. (Tatbestand, RW, Schuld)

II. Erfolgsqualifikation, § 227

1. Eintritt der schweren Folge

Hier: Tod des Opfers

2. Kausalität und Unmittelbarkeitszusammenhang zwischen Grunddelikt und schwerer Folge

3. Objektive und subjektive Fahrlässigkeit bzw. Vorsatz, vgl. § 18

b) Problem: Konkretisierung des Unmittelbarkeitszusammenhangs 152

§ 227 besitzt gegenüber den §§ 223 – 226 I einen gesteigerten Unwertgehalt, was sich vor allem in der hohen Strafandrohung wiederspiegelt. Einig ist man sich deshalb, dass eine Bestrafung wegen Körperverletzung mit Todesfolge zumindest voraussetzt, dass sich im Todeserfolg gerade die dem Grunddelikt anhaftende Gefahr niedergeschlagen haben muss. § 227 ist damit nicht eine bloße „Addition" von Körperverletzung und fahrlässiger Tötung!

Welche Anforderungen konkret an dieses Unmittelbarkeitserfordernis zu stellen sind, wird in Rechtsprechung und Schrifttum intensiv diskutiert.

Insbesondere gilt es dabei zu klären, ob auf die Körperverletzungs**handlung** oder den Körperverletzungs**erfolg** abzustellen ist.

Dieses Problem soll anhand eines Beispielsfalls erläutert werden:

Bsp.: *T will O mit einer Pistole niederschlagen. Als die Pistole auf den Kopf des O schmerzhaft auftrifft, löst sich versehentlich ein tödlicher Schuss (vgl. BGHSt 14, 112 ff.).* 153

Hat sich T wegen Körperverletzung mit Todesfolge gemäß § 227 I strafbar gemacht? Von der Verwirklichung der §§ 223 I, 224 I Nr. 2 durch den Schlag mit der Pistole ist auszugehen.

Strafbarkeit des T wegen Körperverletzung mit Todesfolge, § 227 I

Indem T auf den Kopf des O mit einer Pistole eingeschlagen hat und sich dabei versehentlich ein tödlicher Schuss löste, könnte er sich wegen einer Körperverletzung mit Todesfolge gemäß § 227 I strafbar gemacht haben.

I. Eintritt der schweren Folge

Laut Sachverhalt ist O gestorben. Die besondere schwere Folge des **Todes** ist somit eingetreten.

II. Kausalität und Unmittelbarkeitszusammenhang

1. Der Tod muss auch **kausal** auf der Körperverletzung beruhen. Kausal ist jede Handlung, die nicht hinweggedacht werden kann, ohne dass der Erfolg entfiele. Hätte T nicht auf O eingeschlagen, wäre dieser nicht zu Tode gekommen. Folglich war die Körperverletzung ursächlich für den Todeseintritt.

2. § 227 I setzt weiterhin eine **Unmittelbarkeitsbeziehung** zwischen Grunddelikt und Eintritt des Todes voraus. Erforderlich ist, dass sich in der schweren Folge eine dem Grunddelikt typischerweise anhaftende Gefahr verwirklicht hat.

Problematisch ist hier, dass der Tod des O nicht Folge des Körperverletzungs**erfolges** gewesen ist. Die aus dem Auftreffen der Pistole resultierende Kopfverletzung war nicht todesursächlich. Tödlich wirkte vielmehr der mit dem Schlag verbundene weitere Erfolg der Schussverletzung. Die schwere Folge hat ihren Ursprung also in der Körperverletzungs**handlung**.

Die Frage, ob die tödliche Folge aus dem Körperverletzungs*erfolg* hervorgegangen sein muss oder ob ein Anknüpfen an die Körperverletzungs*handlung* genügt, ist umstritten.

Teile der Literatur: „Letalitätstheorie“ ⇨ Erfolg maßgebend

Nach der sog. **Letalitätstheorie** muss der Tod in unmittelbarer Beziehung zum Körperverletzungserfolg stehen. Man beruft sich dabei vor allem auf den Wortlaut des § 227 I, wonach der Tod der „*verletzten* Person“ durch die „Körper*verletzung*“ verursacht sein muss. *154*

BGH und h.L.: Handlung maßgebend

Überwiegend wird jedoch eine Anknüpfung der Todesfolge an die **Körperverletzungshandlung** für ausreichend gehalten. Dafür spricht, dass – wie das Beispiel zeigt – die tödlichen Gefahren oft schon in der konkreten Begehungsweise wurzeln. Außerdem lässt sich dieses Auslegungsergebnis auch auf den Wortlaut bzw. die Systematik des § 227 I stützen: Als in Frage kommende Grundtatbestände führt § 227 die §§ 223 – 226 an. Das versuchte Körperverletzungsdelikt, bei dem typischerweise schon gar kein Erfolg eintritt, an den angeknüpft werden könnte, wird davon gerade nicht ausgenommen. Daraus kann man schließen, dass der Gesetzgeber auch ein Abstellen auf das Verhaltensunrecht (hier: Körperverletzungshandlung) zulassen wollte. *155*

Folglich reicht es vorliegend aus, dass der Tod aus dem Schlag mit der Waffe resultierte. Ein Unmittelbarkeitszusammenhang zwischen Grunddelikt und schwerer Folge ist damit gegeben.

Anmerkung: Eine andere Auffassung ist hier sicherlich vertretbar. T wäre dann lediglich aus § 222 in Tateinheit (§ 52) mit §§ 223, 224 strafbar. So wie hier dargestellt hat auch der BGH entschieden, vgl. BGH, NJW 2003, 150-155 = Life&Law 2003, Heft 3, 185-193.

III. Objektive und subjektive Fahrlässigkeit bzw. Vorsatz

T handelte zwar nicht vorsätzlich hinsichtlich der Herbeiführung des Todes. Gemäß § 18 genügt jedoch jede Form der **Fahrlässigkeit**. Der Schlag auf den Kopf verletzt die im Verkehr erforderliche Sorgfalt und bedeutet insoweit eine objektive Sorgfaltspflichtverletzung. Deshalb handelte T objektiv fahrlässig im Hinblick auf das Leben des O. Die **subjektiven Fahrlässigkeitsvoraussetzungen** (subjektive Vermeidbarkeit und Vorhersehbarkeit) sind ebenfalls erfüllt. Auch T hätte diese spezifische Folge erkennen und vermeiden können.

IV. Konkurrenzen / Gesamtergebnis

T ist wegen Körperverletzung mit Todesfolge nach § 227 I strafbar.

§ 222 tritt wegen Spezialität als notwendigerweise mitverwirklichte Straftat hinter § 227 I zurück. Auch die gefährliche Körperverletzung (§ 224) wird verdrängt. Es liegt ein Fall der Gesetzeskonkurrenz in Form der Subsidiarität vor. T ist daher (allein) wegen Körperverletzung mit Todesfolge strafbar.

Opferverhalten: „Fluchtfälle“

Anmerkung: Beachten Sie, dass der tatbestandsspezifische Gefahrzusammenhang nach der Rechtsprechung des BGH (vgl. BGHSt 48, 34-39) auch dann bejaht werden kann, wenn die Ursache, die unmittelbar zum Tod geführt hat, durch das Opfer selbst gesetzt wurde. Hierzu zählen insbesondere panische Fluchtversuche, bei denen das Opfer den Tod findet. 156

VI. Beteiligung an einer Schlägerei, § 231 157

Gemäß § 231 I wird bestraft, wer sich schuldhaft an einer Schlägerei oder an einem von mehreren verübten Angriff beteiligt, sofern durch die tätliche Auseinandersetzung der Tod eines Menschen oder eine schwere Körperverletzung i.S.d. § 226 verursacht worden ist.

Strafgrund

§ 231 ist ein **abstraktes Gefährdungsdelikt** und soll dem Schutz von Leib und Leben dienen. Strafgrund ist nicht die Tötung oder das Körperverletzungsunrecht als solches, sondern die **schuldhafte Beteiligung** an einer Schlägerei, die eine generelle Gefährlichkeit für die genannten Rechtsgüter in sich birgt. Mit der Regelung des § 231 wird eine Sanktionsmöglichkeit auch in den Fällen eröffnet, in denen nach dem Tatgeschehen nicht mehr eindeutig ermittelt werden kann, wer die schwere Folge herbeigeführt hat.

> **Bsp.:** *Die aus fünf Mitgliedern (T, A, B, C, D) bestehende Motorradgang liefert sich auf einem Dorffest mit einer rivalisierenden Gruppe eine handfeste Schlägerei, bei der ein Mensch (O) zu Tode kommt. Anschließend kann nicht mehr festgestellt werden, wer von den Beteiligten nun für den Tod des O verantwortlich ist.*

1. Prüfungsschema, § 231 158

I. Tatbestand

1. Objektiver Tatbestand

- **a)** Beteiligung an einer Schlägerei oder
- **b)** Beteiligung an einem von mehreren verübten Angriff

2. Subjektiver Tatbestand:

⇨ **Vorsatz** bezüglich **a)** und **b)**

3. Objektive Bedingung der Strafbarkeit:

Verursachung

- **a)** des Todes eines anderen Menschen oder
- **b)** einer schweren Körperverletzung

durch die Schlägerei / den Angriff (Zurechnung!)

II. Rechtswidrigkeit

III. Schuld

2. Die einzelnen Tatbestandsmerkmale 159

Def.: „Schlägerei“

Eine **Schlägerei** ist gegeben, wenn **mindestens drei** Personen aktiv in einen Streit verwickelt sind, bei dem es zu gegenseitigen Körperverletzungen kommt. Auch ein nicht schuldhaft Handelnder wird hinzugezählt. Die Vorwerfbarkeit der Beteiligung ist demnach nur im Rahmen der Strafbarkeit des Einzelnen relevant, nicht aber bei der Frage nach dem Vorliegen einer Schlägerei. 160

Def.: „Angriff mehrerer“

Ein **Angriff mehrerer** liegt vor, wenn **mindestens zwei Personen** in feindseliger Absicht auf den Körper eines anderen einwirken. Bloße Drohungen reichen nicht aus. 161

Def.: „Beteiligung“

Wichtig ist, dass eine **Beteiligung** nach § 231 nach h.M. nicht unbedingt körperlicher Art sein muss. Vielmehr ist jeder beteiligt, der am Tatort anwesend ist und durch physische oder psychische Mitwirkung an den Tätlichkeiten teilnimmt. Dies kann durch Anfeuern, aber auch durch das Zureichen von Gegenständen geschehen. Mittäterschaft i.S.d. § 25 II ist also nicht erforderlich. 162

Bei der Frage nach der Beteiligung kann sich insbesondere die folgende Fallkonstellation als problematisch erweisen:

> ***Bsp.:*** *A und B schlagen gemeinsam auf O ein. Irgendwann reagiert O zwecks Verteidigung mit einem Gegenangriff. Dabei wird A schwer verletzt. Strafbarkeit des O?*
>
> O könnte sich an einer Schlägerei beteiligt haben. Allein die Tatsache, dass O selbst in Notwehr handelte (kurz prüfen!), ändert nichts daran, dass vorliegend drei Personen wechselseitig Körperverletzungen ausgetauscht haben. O hat sich demzufolge vorsätzlich an einer Schlägerei „beteiligt“.[5]
>
> Trotzdem scheitert vorliegend eine Strafbarkeit des O wegen Beteiligung an einer Schlägerei, da es aufgrund der Rechtfertigungssituation jedenfalls an der Vorwerfbarkeit gemäß § 231 II mangelt.

---

[5] Nur der lediglich Schutzwehr Ausübende ist nicht an der Schlägerei beteiligt.

Anmerkung: Nach der Strafbarkeit von A und B war vorliegend nicht gefragt. Diese haben sich aufgrund einer Beteiligung an einem Angriff mehrerer strafbar gemacht. Allein die Tatsache, dass der Angreifer A selbst schwer verletzt wurde, schadet nach h.M. nicht. Vielmehr kann unter Umständen gemäß § 60 von Strafe abgesehen werden (str.).

§ 231 II: „Vorwerfbarkeit“

Das Merkmal der **Vorwerfbarkeit** bedeutet eine auf Rechtfertigungs- und Entschuldigungsgründe verweisende Tatbestandseinschränkung (str.). Hiermit soll betont werden, dass Straffreiheit nur dann gewährt wird, wenn die Beteiligung zu keiner Zeit vorwerfbar gewesen ist. 163

„Tod oder schwere Körperverletzung“

Unmittelbar durch die Schlägerei muss ein anderer Mensch den Tod gefunden haben oder eine schwere Körperverletzung (§ 226) davongetragen haben. Es muss daher ein **objektiver Zurechnungszusammenhang** zwischen der Beteiligung und dem Eintritt der schweren Folge bestehen. Das Tatopfer muss kein Beteiligter an der Schlägerei gewesen sein. Es kann sich zum Beispiel auch um einen Polizisten oder um einen Sanitäter handeln. Auch muss die Folge nicht durch eine rechtswidrige Tat entstanden sein. 164

Objektive Strafbarkeitsbedingung

Der Tod oder die schwere Körperverletzung eines Menschen stellt eine sog. **objektive Bedingung der Strafbarkeit** dar, d.h. die schwere Folge muss nicht vom Vorsatz umfasst sein. § 18 gilt hier ebenfalls nicht. 165

hemmer-Methode: Im Gutachten können Sie die objektiven Strafbarkeitsbedingungen entweder als **Annex** nach dem subjektiven Tatbestand oder auch erst nach der Schuld prüfen. Machen Sie aber in jedem Falle bereits im Aufbau deutlich, dass der Eintritt einer objektiven Strafbarkeitsbedingung für den Täter nicht voraussehbar sein muss und sich darauf auch nicht der Vorsatz des Täters beziehen muss.

Problem: Beteiligungszeitpunkt

Problematisch ist, welcher **Zeitpunkt** für die Beteiligung an der Schlägerei maßgeblich ist. 166

Bsp.: *T beteiligt sich an der Schlägerei seiner Kumpels. Hierbei kommt einer der Jungs zu Tode. Kurz zuvor hatte T jedoch das „Schlachtfeld“ geräumt.*

Nach **h.M.** kommt es für die Strafbarkeit nach § 231 I nicht darauf an, ob der Täter den Tatort – wie hier – vor Eintritt der schweren Folge (Tod) verlassen hat.

Andernfalls würde sich ein Tatverdächtiger bei Beweisschwierigkeiten stets auf eine Beteiligung vor Erfolgsverursachung berufen können, was aber der gesetzgeberischen Intention zuwiderlaufen würde. Schließlich wollte der Gesetzgeber mit § 231 gerade der Möglichkeit derartiger Schutzbehauptungen den Boden entziehen. Vor allem aber ist festzustellen, dass das Geschehen, wenn es erst einmal in Gang gesetzt wurde, nicht seine abstrakte Gefährlichkeit verliert, nur weil eine der Personen den Tatort verlässt.[6]

hemmer-Methode: Behalten Sie bei der Lösung von Fällen stets den Sinn und Zweck der einzelnen Strafvorschrift im Auge! Haben Sie etwa bereits eine Strafbarkeit von zwei Personen wegen Körperverletzung mit Todesfolge (§§ 227, 25 II) bejaht, weil diese eine andere Person so geschlagen haben, dass diese an den Verletzungen verstarb, spielt eine Strafbarkeit gemäß § 231 I („Angriff mehrerer“) keine wesentliche Rolle mehr. Angesichts des sehr geringen Strafrahmens des § 231 I (lesen!) hat diese Vorschrift vor allem eine Auffangfunktion, falls nicht mehr bewiesen werden kann, wer konkret für den Tod des Opfers verantwortlich ist.

VII. Typische Konkurrenzprobleme 167

Verhältnis zu den Tötungsdelikten

Ein „Klassiker“, den Sie kennen sollten, ist das Verhältnis der Körperverletzungsdelikte zu den Tötungsdelikten. Heute geht man allgemein davon aus, dass jede Tötung als notwendiges Durchgangsstadium eine Körperverletzung beinhaltet.

„Einheitstheorie“

In jedem Tötungsvorsatz ist damit auch ein Körperverlet- 168
zungsvorsatz enthalten **(„Einheitstheorie“)**.

Die Körperverletzung ist gegenüber der vollendeten Tötung subsidiär.

Ein versuchtes Tötungsdelikt und eine vollendete vorsätzliche Körperverletzung stehen dagegen im Verhältnis der Idealkonkurrenz (§ 52) zueinander.

[6] Ob hingegen eine Strafbarkeit auch dann angemessen ist, wenn ein Beteiligter hinzukommt, nachdem die schwere Folge schon eingetreten ist, erscheint fraglich und ist entsprechend umstritten.

Nur so wird die Klarstellungsfunktion der Konkurrenzen erfüllt und das begangene Unrecht in der Urteilsformel hinreichend zum Ausdruck gebracht. Denn würde die vollendete Körperverletzung hinter dem versuchten Tötungsdelikt zurücktreten, käme im Tenor des Urteils nicht klar zum Ausdruck, dass es beim Tötungsversuch zu einer Körperverletzung kam.

Vielmehr könnte es auch sein, dass das Opfer überhaupt nicht in seiner Körperintegrität beeinträchtigt wurde.

> ***Bsp.:*** *Der Schuss des T verfehlt den Kopf des O nur knapp.*

hemmer-Methode: Die Konkurrenzen sollten Sie bereits für die Zwischenprüfung in den Grundzügen beherrschen. Lesen Sie dazu Hemmer/Wüst, Grundwissen Strafrecht AT, Rn. 420 ff., bzw. Berberich/Löper, Life&Law 2012, 907 ff.

§ 3 Nötigung 169

Anmerkung: Die Fälle 17 und 18 aus Hemmer/Wüst - Die 44 wichtigsten Fälle Strafrecht BT II beschäftigen sich mit typischen Klausurproblemen zur Nötigung.

A. Überblick 170

Der Tatbestand der Nötigung ist im 18. Abschnitt des StGB untergebracht und stellt eine Straftat gegen die persönliche Freiheit der Person dar.

Anmerkung: Im Strafgesetzbuch finden sich außerhalb des 18. Abschnitts weitere Delikte, bei denen das Rechtsgut Freiheit ebenfalls eine Rolle spielt, z.B. beim Raub. § 249 dient allerdings primär dem Schutz des Eigentums. Die Freiheit der Person wird hierbei jedoch als eine Art Reflex mitgeschützt.

Geschütztes Rechtsgut

Geschützt wird von § 240 die – durch Art. 2 I GG verfassungsrechtlich garantierte – Freiheit der **Willensentschließung** und **Willensbetätigung** (h.M.). 171

Der Vergehenstatbestand greift ein, wenn ein Mensch rechtswidrig mit Gewalt oder durch Drohung mit einem empfindlichen Übel zu einer Handlung, Duldung oder Unterlassung genötigt wird, § 240 I, II. Allgemein lässt sich daher formulieren: Eine Nötigung ist das verwerfliche Aufzwingen eines bestimmten Verhaltens, das dem Willen des Betroffenen widerspricht. § 240 fungiert als Grund- und Auffangtatbestand aller Delikte gegen die persönliche Freiheit und ist deshalb klausurrelevant.

§ 240 IV normiert eine Strafzumessungsregel, die bei Vorliegen eines besonders schweren Falles Anwendung findet.

hemmer-Methode: Nutzen Sie an dieser Stelle nochmals die Gelegenheit, den Unterschied zwischen einer Qualifikation und bloßen Strafzumessungsregeln zu wiederholen: Qualifikationstatbestände sind **abschließende** Vorschriften. Regelbeispiele haben hingegen keinen zwingenden Charakter, d.h. deren Vorliegen hat lediglich **Indizwirkung** für die Bejahung eines besonders schweren Falles. Vgl. dazu Hemmer/Wüst, Strafrecht AT I, Rn. 99.

B. Prüfungsschema, § 240 172

I. Tatbestand

1. Objektiver Tatbestand

a) Nötigungshandlung: Gewalt oder Drohung mit einem empfindlichen Übel

b) Nötigungserfolg: Handlung, Duldung oder Unterlassung

c) Kausalität und Zurechenbarkeit zwischen **a)** und **b)**

2. Subjektiver Tatbestand

⇨ **Vorsatz** bezüglich objektivem Tatbestand

II. Rechtswidrigkeit:

1. Allgemeine Rechtfertigungsgründe

2. § 240 II: Verwerflichkeitsprüfung

III. Schuld

IV. Ggf. Regelbeispiele, § 240 IV

C. Die einzelnen Tatbestandsmerkmale 173

Eine Strafbarkeitsbegründung nach § 240 setzt einen durch eine Nötigungshandlung herbeigeführten Nötigungserfolg voraus.

I. Nötigungshandlung 174

Die Nötigungshandlung kann in einer Anwendung von Gewalt oder Drohung mit einem empfindlichen Übel bestehen.

1. Gewalt 175

Gewalt ist nach dem Stand der derzeitigen Rechtsprechung ein (zumindest auch) körperlich vermittelter Zwang zur Überwindung eines geleisteten oder erwarteten Widerstandes.

Maßgebend sind daher folgende Definitionsmerkmale:

⇨ **körperliche Zwangswirkung beim Opfer**

⇨ **zur Überwindung eines geleisteten oder erwarteten Widerstandes**

⇨ **bei einer auch nur unerheblichen Kraftentfaltung seitens des Täters**

Bsp.: T würgt O so lange, bis dieser gesteht, mit T`s Frau ein Verhältnis zu haben.

Anmerkung: Der höchst umstrittene Gewaltbegriff hat sich im Laufe der Zeit immer wieder gewandelt und wurde durchgehend kontrovers diskutiert. Nicht nur der BGH, sondern auch das BVerfG hat sich u.a. in der berühmten zweiten „Sitzblockadenentscheidung“ (BVerfGE 92, 1-25) mit der Auslegungsproblematik, die rund um das Bestimmtheitsgebot des Art. 103 II GG kreist, auseinandergesetzt.
Eine genaue Darstellung der Entwicklung ist im Rahmen eines bewusst kurz gehaltenen Anfängerskripts nicht notwendig, weil die exakte Kenntnis der Veränderung des Gewaltbegriffs in der Zwischenprüfung regelmäßig nicht von Ihnen erwartet wird. Zur Vertiefung lesen Sie Hemmer/Wüst, Strafrecht BT II, Rn. 122 ff.

Zur überblicksartigen Verdeutlichung der Begriffsentwicklung in Literatur und Rechtsprechung soll der folgende kurze historische Abriss dienen:

Entwicklung des Gewaltbegriffs

Ausgangspunkt ist der **„klassische Gewaltbegriff“**, wonach es vor allem auf eine durch körperliche Kraftentfaltung verursachte körperliche Zwangswirkung beim Opfer ankam. Auf das Merkmal der physischen Kraftausübung auf Täterseite wurde jedoch sehr bald weitgehend verzichtet. In der Folgezeit kam es sodann auch zu Aufweichungen bezüglich des Elements der körperlichen Zwangswirkung beim Opfer, mit der Konsequenz, dass nun auch der psychisch vermittelte Zwang (z.B. Sitzstreik auf Straßenbahnschienen) zur Bejahung von Gewalt i.S.d. § 240 I genügte, sog. **„vergeistigter Gewaltbegriff“**. Um letztlich einer solchen **„Entmaterialisierung“** des Gewaltbegriffs entgegenzuwirken, besann man sich nach der zweiten Sitzblockadenentscheidung des BVerfG wieder auf das Element der körperlichen Zwangswirkung beim Opfer zurück, woraus schließlich die unter Rn. 175 dargestellte Definition resultiert. 176

Entwicklung des Gewaltbegriffs

	Täterseite	Opferseite
1. Stufe	Körperliche Kraftentfaltung	Körperliche Zwangswirkung
	⇩	
2. Stufe	Auch unwesentliche Kraftentfaltung ausreichend	Körperliche Zwangswirkung
		⇩
3. Stufe	Auch unwesentliche Kraftentfaltung ausreichend	Auch psychische Zwangswirkung ausreichend
		⇩
4. Stufe	Auch unwesentliche Kraftentfaltung ausreichend	Körperliche Zwangswirkung erforderlich!

Gewalt kann nach ganz h.M. in zweierlei Formen ausgeübt werden: Man unterscheidet insoweit die unwiderstehliche Gewalt (sog. vis absoluta) von der widerstehlichen Gewalt (sog. vis compulsiva).

Vis absoluta

Im Falle der **vis absoluta** nimmt der Täter dem Opfer jegli- 177
che Verhaltensalternative.

Bsp.: *T fesselt O, um ihn ausrauben zu können.*

Vis compulsiva

Dagegen verbleibt dem Tatopfer bei der Ausübung von **vis** 178
compulsiva die Möglichkeit, eine andere Verhaltensalternative zu ergreifen.

Bsp.: *T gibt O solange Backpfeifen, bis dieser endlich in den kalten Badesee springt.*

2. Drohung

Drohung mit einem empfindlichen Übel

Eine **Drohung** ist das (auch konkludente) in Aussicht stellen 179
eines Übels, auf das der Täter Einfluss hat oder zu haben vorgibt. Der Täter muss auf den Eintritt oder Nichteintritt des empfindlichen Übels somit nicht tatsächlich Einfluss haben, sondern es genügt, wenn er ernstlich den Anschein erweckt, den vorgegebenen Einfluss zu haben.

Ein Übel ist **empfindlich**, wenn es so erheblich ist, dass es geeignet scheint, den Bedrohten i.S.d. des Täterverlangens zu motivieren.

Es bedarf folglich einer subjektiven Einschätzung aus Sicht des Opfers.

> ***Bsp.:*** *T teilt seiner Angestellten O mit, er werde das Arbeitsverhältnis kündigen, wenn sie nicht alsbald mit ihm schläft.*

II. Nötigungserfolg 180

Folge des Einsatzes des Nötigungsmittels muss ein Nötigungserfolg sein. Der Nötigungserfolg kann in einem **Handeln, Dulden oder Unterlassen** des Opfers zu erblicken sein.

> ***Bsp.:*** *T zwingt O dazu, die Fensterscheibe seines Nachbarn einzuwerfen. O beugt sich dem Willen des T und schreitet zur Tat.*

Darüber hinaus muss zwischen Nötigungsmittel und –erfolg ein **objektiver Zurechnungszusammenhang** bestehen. Das heißt, dass sich der Nötigungserfolg als Resultat der Anwendung des Nötigungsmittels darstellt.

III. Verwerflichkeitsprüfung, § 240 II 181

Systematische Einordnung

Nach allgemeiner Auffassung ist § 240 I ein sog. „offener Tatbestand“, bei dem die Verwirklichung aller objektiven und subjektiven Tatbestandsmerkmale ausnahmsweise nicht die Rechtswidrigkeit indiziert.

Vielmehr muss diese in jedem Einzelfall positiv festgestellt werden, um einer Ausuferung der Vorschrift entgegenzuwirken.

Dabei ist in **zwei** Schritten vorzugehen:

Zuerst ist zu untersuchen, ob ein **Rechtfertigungsgrund** eingreift (z.B. §§ 32, 34).

Erst dann ist unter einem gesonderten Prüfungspunkt die **Verwerflichkeit** der Nötigung i.S.v. § 240 II gesondert festzustellen.

hemmer-Methode: Halten Sie diese Prüfungsreihenfolge immer streng ein, denn eine gerechtfertigte Nötigung kann niemals verwerflich i.S.d. § 240 II sein.
Da sich die Prüfung eines Rechtfertigungsgrundes regelmäßig einfacher gestaltet als die z.T. sehr schwierige Einzelfallprüfung der Verwerflichkeit, wird dieser Prüfungspunkt in aller Regel vorgezogen.

Def.: „Verwerflichkeit“

Nach § 240 II muss die Anwendung der Gewalt bzw. die Androhung des empfindlichen Übels zu dem angestrebten Zweck als **verwerflich** anzusehen sein. Nach ständiger Rechtsprechung bedeutet Verwerflichkeit einen erhöhten Grad an sittlicher Missbilligung: 182

Das Verwerflichkeitsurteil kann sich aus folgenden Elementen ergeben:

Verwerflich kann zum einen das eingesetzte **Nötigungsmittel** sein.

> ***Bsp.:*** *T schlägt auf O ein, um endlich sein Geld zurückzubekommen.*

Die Verwerflichkeit kann sich aber auch aus dem angestrebten **Nötigungszweck** ergeben.

> ***Bsp.:*** *T droht O mit einer berechtigten Strafanzeige wegen Steuerhinterziehung, wenn sie ihm nicht die Goldkette ihrer Oma verschafft.*

Sind weder Mittel noch Zweck verwerflich, kann sich die Verwerflichkeit schließlich auch aus dem Verhältnis des Nötigungsmittels zum Nötigungszweck ergeben (sog. **Zweck-Mittel-Relation**).

Anmerkung: Im Rahmen der gemäß § 240 II StGB erforderlichen Verwerflichkeitsprüfung sind insbesondere die Art und das Maß der Auswirkungen auf betroffene Dritte und deren Grundrechte zu berücksichtigen. Dabei ist etwa bei einer Demonstration das Gewicht der demonstrationsspezifischen Umstände mit Blick auf das kommunikative Anliegen der Versammlung zu bestimmen, vgl. BVerfG, NJW 2011, 3020-3023.

> ***Bsp.:*** *T droht O mit einer (berechtigten) Strafanzeige wegen Körperverletzung, um die Rückzahlung eines Darlehens zu erreichen.*

Die Strafanzeige und das verfolgte Ziel der Darlehensrückzahlung stehen in keinem **inneren Zusammenhang**. Folglich ist die Nötigung nach h.M. verwerflich.

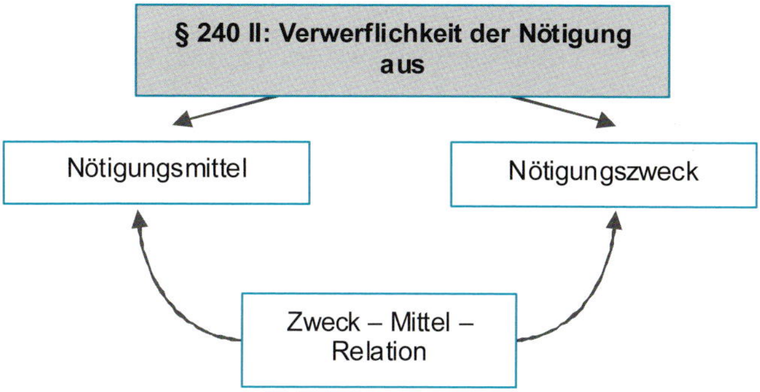

§ 4 HAUSFRIEDENSBRUCH

A. Überblick 183

Anmerkung: Üben Sie die gutachtliche Anwendung des § 123 anhand von Fall 23 aus Hemmer/Wüst - Die 44 wichtigsten Fälle Strafrecht BT II.

Geschütztes Rechtsgut

Der Hausfriedensbruch ist im siebten Abschnitt des StGB, der die Überschrift „Straftaten gegen die öffentliche Ordnung" trägt, geregelt. Geschütztes Rechtsgut ist entgegen der amtlichen Überschrift nicht unmittelbar die öffentliche Ordnung, sondern das **Hausrecht** des Berechtigten. Dabei geht es um die Freiheit zu entscheiden, wer sich in den geschützten Bereichen aufhalten darf. 184

Hausrechtsinhaber

Hausrechtsinhaber ist derjenige, dem die Verfügungsgewalt und somit das Bestimmungsrecht innerhalb eines bestimmten Bereichs zusteht. Wichtig ist, dass dies nicht unbedingt der Eigentümer sein muss. Grundsätzlich hat beispielsweise der Mieter gegenüber dem Eigentümer insoweit ein „stärkeres Recht" und ist folglich Inhaber des Hausrechts. 185

Mehrere Berechtigte

Sofern das Hausrecht **mehreren Personen** gleichzeitig zusteht, reicht die Gestattung eines Teils, den anderen Teil trifft dann – im Rahmen des Zumutbaren – eine Duldungspflicht. 186

Bsp.: *Die Ehefrau bittet den von ihrem Ehemann ungeliebten Staubsaugervertreter in die Wohnung.*

Auch wenn hier den beiden Eheleuten das Hausrecht gemeinsam zusteht, kann die Ehefrau wirksam ihr Einverständnis mit dem Betreten der Wohnung erklären.

§§ 124, 125

§ 124 regelt den schweren Hausfriedensbruch, der eine **Qualifikation** zu § 123 darstellt. Schutzgut ist hier neben dem Hausrecht auch die öffentliche Sicherheit und Ordnung. Der Landfriedensbruch gemäß § 125 ist ein **eigenständiges Delikt**, was zum ausschließlichen Schutzgegenstand die öffentliche Sicherheit und Ordnung hat.

hemmer-Methode: Auch wenn der Hausfriedensbruch kaum Schwerpunkt einer Klausur sein wird, ist er doch oft mitverwirklicht. Da es sich um ein etwas „verstecktes" Delikt handelt, wird er allerdings häufig übersehen, was zu (unnötigem) Punktabzug in der Klausur führen kann.

B. Prüfungsschema, § 123 187

I. Tatbestand

1. Objektiver Tatbestand

a) Tatobjekt:

aa) Wohnung, Geschäftsräume oder befriedetes Besitztum eines anderen oder

bb) abgeschlossene Räume, die zum öffentlichen Dienst oder Verkehr bestimmt sind

b) Tathandlung:

aa) Eindringen oder

bb) Nicht-Entfernen trotz Aufforderung (echtes Unterlassensdelikt)

2. Subjektiver Tatbestand

⇨ Vorsatz bezüglich **a)** und **b)**

II. Rechtswidrigkeit

III. Schuld

IV. Strafantragserfordernis, § 123 II

C. Die einzelnen Tatbestandsmerkmale 188

Auf Tatbestandsebene lassen sich die geschützten Tatobjekte und die beiden Tatmodalitäten des Eindringens bzw. widerrechtlichen Verweilens unterscheiden.

I. Geschützte Bereiche 189

Zu den geschützten Bereichen des § 123 I zählen Wohnungen, Geschäftsräume, befriedete Besitztümer und abgeschlossene Räume, welche zum öffentlichen Dienst oder Verkehr bestimmt sind.

Def.: „Wohnung“

Unter dem Begriff **„Wohnung“** sind die Räumlichkeiten zu verstehen, die einer oder mehreren Personen bestimmungsgemäß zur Unterkunft dienen oder zur Benutzung freistehen. Auch erkennbar zuordenbare Nebenräume gehören zu einer Wohnung. 200

Bsp.: *Wohnwagen, Keller, Speicher*

Def.: „Geschäftsräume“

Räumlichkeiten sind dann **Geschäftsraume**, wenn sie für berufliche, wissenschaftliche oder künstlerische, nicht notwendigerweise erwerbswirtschaftliche Zwecke genutzt werden. 201

Bsp.: *Arztpraxis, Lagerhalle, Kunstgalerie*

Def.: „Befriedetes Besitztum“

Mit **„befriedetes Besitztum“** sind bebaute oder unbebaute Grundstücke gemeint, die durch nach außen erkennbare Schutzwehren vor willkürlichem Betreten gesichert sind. Die jeweilige „Befriedung“ (z.B. Zäune, Hecken oder Mauern) muss dabei nicht zwingend lückenlos sein. Denn entscheidend ist nicht, dass ein Betreten erheblich erschwert wird. Vielmehr kommt es maßgeblich darauf an, ob der Wille des Rechtsgutsinhabers hinreichend klar zum Ausdruck kommt, dass er ein Betreten des konkreten Bereichs ohne oder gegen seinen Willen nicht wünscht. 202

Def.: „Abgeschlossene Räume, die zum öffentlichen Dienst oder Verkehr bestimmt sind“

Unter **Räume, die zum öffentlichen Dienst bestimmt** sind, fallen Räumlichkeiten, in denen Tätigkeiten auf Grund öffentlich-rechtlicher Vorschriften ausgeübt werden, insbesondere Behördenräume, Schulen oder Wahllokale. 203

Zum **öffentlichen Verkehr bestimmt** sind Räume, die allgemein zugänglich sind und für den Personen- oder Gütertransportweg genutzt werden.

Bsp.: *Bahnhofshallen, Flugzeuge, Busse*

Anmerkung: Eine lehrreiche Entscheidung zur Bestimmung der geschützten Bereiche i.S.d. § 123 finden Sie in OLG Frankfurt, NJW 2006, 1746-1750 = Life&Law 2006, Heft 9, 621-631. Dabei geht es darum, ob eine unterirdische Fußgängerpassage, welche zu einer U-Bahnstation führt, als „befriedetes Besitztum“ anzusehen ist. Das OLG Frankfurt a.M. hat dies im konkreten Fall verneint. Instruktiv zu § 123 I Alt. 2 auch OLG Hamburg, NJW 2006, 2131-2132 = Life&Law 2006, Heft 9, 617-620.

204

II. Die Tathandlungen

Als mögliche Tathandlungen nennt § 123 I das „Eindringen“ oder ein „widerrechtliches Verweilen“.

1. Eindringen, § 123 I Alt. 1 205

Def.: „Eindringen"

Eindringen bedeutet das Betreten gegen oder ohne den Willen des Berechtigten. Der entgegenstehende Wille des Berechtigten muss nicht ausdrücklich erklärt werden. Er kann sich auch aus den Umständen ergeben.

> ***Bsp.:*** *A tritt die Tür der Wohnung des B ein und betritt daraufhin die Wohnung.*

Ein Betreten erfordert wenigstens, dass der Täter bereits mit einem Teil seines Körpers in den geschützten Bereich gelangt ist.

> ***Bsp.:*** *A, der Ex-Freund der B, lässt sich von deren Zutrittsverbot nicht beeindrucken und stellt seinen Fuß in die Tür, als B gerade im Begriff ist, diese zu schließen.*

Tatbestandsausschließendes Einverständnis

Ist der Berechtigte mit dem Betreten der Räumlichkeit einverstanden, ist das Merkmal „gegen den Willen" nicht erfüllt. Das Vorliegen eines **Einverständnisses** führt also bereits zum Tatbestandsausschluss. 206

> ***Bsp.:*** *A klingelt an der Wohnungstür der B, diese öffnet erfreut und lässt ihn in die Wohnung.*

hemmer-Methode: Beschäftigen Sie sich an dieser Stelle noch einmal mit den Begriffen „tatbestandsausschließendes Einverständnis" und „rechtfertigende Einwilligung" und arbeiten Sie die Materie anhand Hemmer/Wüst, Grundwissen Strafrecht AT, Rn. 92 nach.

Generelle Eintrittserlaubnis

Für manche Räume gibt es eine Art **generelle Eintrittserlaubnis**. Dies gilt insbesondere für Verkaufsräume. Solche Räumlichkeiten darf grundsätzlich jeder betreten. 207

Problem: Unlautere Absichten

Umstritten ist, ob diese allgemeine Zutrittserlaubnis auch Personen mit **„bösen Absichten"** erfasst. 208

> ***Bsp.:*** *Kaufhausdieb K betritt den Media Markt, um einen MP3-Player zu stehlen.*

Eine Mindermeinung will in einem solchen Fall zu einer Bestrafung aus § 123 I kommen, weil das generelle Einverständnis nur das Betreten zu lauteren Zwecken abdecke.

H.L.: Grds. unbeachtlich

Die h.M. lehnt eine derartige Differenzierung zu Recht ab, denn unlautere Absichten des Eintretenden ändern nichts an dem Vorliegen der generellen Eintrittserlaubnis. Die Tathandlung „eindringen" muss demzufolge objektiv erkennbar sein. Bei einer verdeckten „bösen Absicht" ist diese jedoch gerade nicht nach außen hin erkennbar, so dass ein Eindringen nicht objektiv feststellbar ist. 209

hemmer-Methode: Stellen Sie sich dabei stets vor, wie der Berechtigte reagieren würde, wenn er an der Eingangstür stünde. Würde er die Person einlassen, liegt ein tatbestandsausschließendes Einverständnis vor.

Aus diesem Umstand resultiert denknotwendig Folgendes: Wird die unlautere Absicht **objektivierbar**, d.h. tritt sie durch das äußere Erscheinungsbild des Eintretenden offen zu Tage, so kann sich der Täter nicht auf eine generelle Zutrittserlaubnis berufen.

> ***Bsp.:*** *Der Räuber T betritt maskiert das Juweliergeschäft.*

Täuschung und Drohung

Die Wirksamkeit des tatbestandsausschließenden Einverständnisses wird auch nicht durch eine Täuschung berührt. Es kommt daher nicht auf den „wahren" Willen, sondern lediglich auf den tatsächlichen Willen des Berechtigten an. Eine Strafbarkeit gemäß § 123 I scheidet in diesen Fällen also aus. 210

> ***Bsp.:*** *A gibt sich als Kaminfeger aus, obwohl er allein vorhat, in der Wohnung herumliegende Wertsachen an sich zu nehmen. B lässt A ein.*

Freiwilligkeit ist hingegen stets erforderlich. Folglich ist ein abgenötigtes „Einverstandensein" (mittels Drohung oder Zwang) unbeachtlich.

211

2. Widerrechtliches Verweilen, § 123 I Alt. 2

Echtes Unterlassensdelikt

Bei der zweiten Alternative des § 123 handelt es sich um ein **„echtes Unterlassungsdelikt"**. Der Täter verwirklicht den Tatbestand, wenn er sich nicht aus dem geschützten Bereich entfernt, obwohl er dazu ausdrücklich oder konkludent aufgefordert wurde. Die Unterlassungsvariante ist subsidiär, sofern das Betreten schon ein Eindringen darstellt.

Das widerrechtliche Verweilen erlangt dann Bedeutung, wenn es dem Täter ursprünglich erlaubt war, sich in den Räumlichkeiten aufzuhalten, ihm diese Befugnis dann aber wieder entzogen wird.

> ***Bsp.:*** *B lädt T zu ihrer WG-Party ein. Als T nach einigen Schnäpsen beginnt, die Einrichtung zu demolieren, fordert sie ihn erfolglos zum Verlassen der Wohnung auf.*

Das Merkmal der **Widerrechtlichkeit** ist ein Hinweis auf das allgemeine Verbrechensmerkmal der Rechtswidrigkeit und hat reine deklaratorische Funktion.

hemmer-Methode: Denken Sie bei der Prüfung des Hausfriedensbruchs immer an das Strafantragserfordernis (vgl. § 123 II).

§ 5 Sachbeschädigung 212

A. Überblick 213

Geschütztes Interesse

Die Sachbeschädigung ist ein **Eigentumsdelikt** und schützt das Interesse des Eigentümers am Zustand seiner Sachen. Eine Beeinträchtigung des gegenständlichen status quo kann gemäß § 303 I in einem „Beschädigen" oder „Zerstören" zu sehen sein. Seit dem 01.09.2005 stellt auch das „unbefugte Verändern des Erscheinungsbildes" ein tatbestandsmäßiges Sachbeschädigungsverhalten dar und kann nach § 303 II (sog. **„Graffiti- Paragraph"**) sanktioniert werden.

Systematik

Systematisch steht § 303 am Anfang des 27. Abschnitts des StGB. Trotzdem ist die Sachbeschädigung nicht etwa der Grundtatbestand aller Straftaten gegen das Eigentum. Lediglich die §§ 305 (Zerstörung von Bauwerken), 305a (Zerstörung wichtiger Arbeitsmittel) und 306 (Brandstiftung) sind **Qualifikationen** der einfachen Sachbeschädigung. Die übrigen Strafgesetze des 27. Abschnitts sind überwiegend eigenständige Delikte und verfolgen teilweise unterschiedliche Schutzrichtungen. Beispielsweise schützt § 304 als gemeinschädliches Delikt die Erhaltung bestimmter Güter im Allgemeininteresse (Grabmäler, öffentliche Denkmäler, etc.). Wichtig ist dabei vor allem, dass in diesen Fällen auch der Eigentümer selbst Täter des jeweiligen Straftatbestands sein kann.

> ***Bsp.:*** *T zerstört den Grabstein, den er zuvor zum Gedenken an seinen Vater hat aufstellen lassen (Strafbarkeit nach § 304 I liegt vor).*

Bei § 303 kommt der Eigentümer dagegen niemals als tauglicher Täter in Betracht. Der Sachbeschädigungstatbestand fordert stets die Beschädigung oder Zerstörung einer **„fremden"** Sache.

Die Sachbeschädigung ist ein Vergehen i.S.d. § 12 II. Der **Versuch** ist gemäß § 303 III unter Strafe gestellt.

Außerdem ist § 303 ein **Vorsatzdelikt**, vgl. § 15. Die fahrlässige Verursachung ist demzufolge strafrechtlich irrelevant.

Anmerkung: Beachten Sie, dass § 306 (Brandstiftung) ein Spezialfall der Sachbeschädigung darstellt, da dort ebenfalls nur „fremde" Gegenstände als Tatobjekt in Betracht kommen.

Über die §§ 306 I *i.V.m. 306d I* gibt es damit einen (versteckten) Fall, bei welchem eine fahrlässige Sachbeschädigung unter Strafe gestellt ist!

B. Prüfungsschema, § 303 214

I. Tatbestand

- **1. Objektiver Tatbestand**
  - **a)** Tatobjekt: fremde Sache
  - **b)** Tathandlung:
    - **aa)** Beschädigen (§ 303 I) oder
    - **bb)** Zerstören (§ 303 I)
    - **cc)** Unbefugtes Verändern des Erscheinungsbildes (§ 303 II)
- **2. Subjektiver Tatbestand**
  - ⇨ **Vorsatz** bezüglich objektivem Tatbestand

II. Rechtswidrigkeit

III. Schuld

IV. Strafantragserfordernis, § 303c

C. Die einzelnen Tatbestandsmerkmale 215

Tatbestandsmäßig i.S.d. § 303 kann ein Verhalten nur sein, wenn es als eine vorsätzliche Beschädigung, Zerstörung oder unbefugte Veränderung des Erscheinungsbildes einer fremden Sache zu bewerten ist.

I. Tatobjekt: fremde Sache 216

Tatobjekt ist ausschließlich eine **fremde Sache**.

Sache

Sache ist jeder **körperlicher Gegenstand** (vgl. § 90 BGB), also ein konkret wahrnehmbares, gegen andere Gegebenheiten abgrenzbares Objekt. Wegen des Erfordernisses der Begrenzbarkeit fallen zum Beispiel Schnee oder Meeressand nicht unter den Sachbegriff. Auf den Vermögenswert der Sache kommt es nicht an (z.B. Liebesbrief). Allerdings bedarf es zumindest eines zu respektierenden Interesses des Eigentümers am Erhalt seiner Sache.

Problematisch gestaltet sich die Frage nach der Sachqualität in folgenden Fällen:

Tiere

Bsp. 1: *T erschießt den Hund seines Nachbarn.* 217

T kann nur nach § 303 I bestraft werden, wenn der Hund als Sache zu qualifizieren ist. Dass auch **Tiere** Sachen i.S.d. Strafrechts sind, lässt sich z.B. mit einem vergleichenden Seitenblick auf den Wortlaut des § 324a begründen.

Dort wird tatbestandlich vorausgesetzt, dass „Stoffe in den Boden eindringen, die geeignet sind, die Gesundheit **eines Tieres oder einer *anderen* Sache** von bedeutendem Wert zu schädigen". Zudem würde es nicht dem Schutzinteresse an Tieren gerecht, diese nicht als Sachen zu behandeln, da andernfalls etwa eine Tötung fremder Tiere strafrechtlich nicht erfasst wäre. Dies kann nicht die Intention des Gesetzgebers gewesen sein (teleologische Auslegung).

Anmerkung: Eine Herleitung dieses Ergebnisses unter entsprechender Heranziehung des § 90a BGB erscheint damit als überflüssig. Vorzugswürdig ist eine eigenständige Argumentation und Auslegung im Sinne des StGB.

Körperteile und Implantate

Bsp. 2: *Kurz vor dem Einsetzen einer künstlichen Rippe zerstört der Operateur mutwillig das Implantat bzw. Rettungssanitäter T beschädigt vorsätzlich den durch einen Verkehrsunfall abgetrennten Arm.* 218

Generell unterscheidet man zwischen **natürlichen Körperteilen des lebenden Menschen**, die mit Abtrennung zu Sachen werden (Arm des Unfallopfers), und **künstlichen Implantaten** (Rippe), die jedenfalls vor Einpflanzung oder nach Entnahme Sachqualität erlangen. Insofern werden sie entsprechend den natürlichen Teilen des lebenden Körpers behandelt. Im Einzelnen ist hier aber vieles umstritten.

Anmerkung: Ebenso kontrovers diskutiert wird Frage, ob auch ein **Leichnam** taugliches Tatobjekt i.S.d. § 303 sein kann. Die h.M. bejaht jedenfalls den Sachcharakter, lehnt aber das Merkmal der „Fremdheit" ab, weil der leblose Körper zunächst herrenlos und insofern nicht eigentumsfähig sei. Eine Ausnahme wird nur dann zugelassen, wenn die Totensorgeberechtigten zu Forschungszwecken die Überführung des Leichnams an ein Institut der Anatomie angeordnet haben (instruktiv hierzu die „Zahngold"-Entscheidung des BGH, Beschluss vom 30.06.2015 – 5 StR 71/15, Life&Law 2015, Heft 12, 909-915). Denken Sie bei der Beschädigung oder Zerstörung von Leichen(-teilen) auch immer an § 168!

Der Tatbestand der **Störung der Totenruhe** schützt nicht etwa das Eigentum, sondern das postmortale Persönlichkeitsrecht des Verstorbenen und das Pietätsgefühl der Allgemeinheit (siehe auch die systematische Stellung im Gesetz). Dabei stellt sich die Frage nach der Sachqualität bzw. Eigentumsfähigkeit also gerade nicht.

Bsp. 3: *T verletzt eine Kuh aus der Herde des O bzw. T zersticht den Reifen eines PKW.*

Sachgesamtheiten und Funktionseinheiten

Sachgesamtheiten (Herde), die nur um der Ordnung willen zu einer Einheit zusammengefasst sind, besitzen keine Sachqualität. T kann in der ersten Sachverhaltsvariante demnach keine Sachbeschädigung an der Kuhherde begangen haben, sondern nur an der einzelnen Kuh. *219*

Funktionseinheiten – wie der PKW – sind vom Schutzbereich erfasst, solange sie selbst eigentumsfähig sind. Das Zerstechen des Autoreifens ist deshalb eine Sachbeschädigung am PKW. Denn dieser kann aufgrund des Zerstechens des Autoreifens nicht mehr als Fortbewegungsmittel genutzt werden.

Def.: „Fremdheit"

Fremd ist eine Sache, wenn sie nicht im Alleineigentum des Täters steht und nicht herrenlos ist. Maßgeblich für die Beurteilung der Eigentumslage sind die Vorschriften des BGB. *220*

Anmerkung: „Herrenlos" bedeutet, dass eine Sache nicht im Eigentum einer bestimmten Person steht. Dies ist etwa bei wilden Tieren der Fall. Ein bestehendes Jagdrecht führt dazu, dass der Jagdberechtigte das Recht hat, in seinem Jagdrevier ein wildes Tier zu erlegen und sich dieses daraufhin anzueignen. Erst durch diesen Akt wird Eigentum an dem Tier begründet (vgl. § 958 BGB). Das Jagdausübungsrecht wird als spezifischer Vermögenswert in den §§ 292, 293 geschützt.

AT- Bezug: Irrtum über Fremdheit

Typisch für Anfängerklausuren ist das Vorliegen eines Irrtums über die Fremdheit der Sache. *221*

Bsp.: *T zerstört die Vase seines Vaters. Dabei weiß T nicht, dass er diesen kurz zuvor beerbt hat.*

Eine Strafbarkeit wegen vollendeter Sachbeschädigung scheitert an der Fremdheit der Vase. Kraft Gesetzes (§ 1922 BGB) war T im Tatzeitpunkt bereits Eigentümer der Sache. Allerdings stellt sich T einen Sachverhalt vor, der an sich strafbares Sachbeschädigungsunrecht darstellt. T befindet sich in einem sog. **„umgekehrten Tatbestandsirrtum"**, der zu einem strafbaren untauglichen Versuch nach §§ 303 I, III, 22, 23 I, 12 II führt.

II. Tathandlungen 222

§ 303 I, II enthält insgesamt drei Begehungsvarianten: das Beschädigen, Zerstören oder unbefugte Verändern des Erscheinungsbildes einer Sache.

Def.: „Beschädigen“

Beschädigen ist eine nicht ganz unerhebliche Verletzung der Substanz oder eine erhebliche Einwirkung, durch welche die Brauchbarkeit der Sache für ihren bestimmungsgemäßen Zweck beeinträchtigt wird (h.M.). 223

> ***Bsp.:*** *T zerkratzt den Lack eines PKW.*

Kennzeichnend sind somit die folgenden beiden Definitionsmerkmale:

⇨ **Substanzverletzung oder Beeinträchtigung der bestimmungsgemäßen Brauchbarkeit**

⇨ **Erheblichkeit**

Erheblichkeit

Probleme kann im Einzelfall insbesondere das **Erheblichkeitselement** bereiten: 224

> ***Bsp. 1:*** *T lässt die Luft aus allen vier Reifen eines Kfz entweichen. Ein Aufpumpen der Reifen ist nur an einer Tankstelle möglich, die jedoch einige Kilometer vom Tatgeschehen entfernt ist (vgl. BGHSt 13, 207-209.).*
>
> Durch das Entweichen-lassen der Luft aus den Reifen hat der PKW eine Brauchbarkeitsminderung erfahren. Zweifelhaft ist, ob das „Luftablassen“ die Brauchbarkeit des Autos für seinen spezifischen Zweck auch mehr als nur unerheblich beeinträchtigt hat. Hier war ein schnelles Aufpumpen nicht möglich. Es bedurfte daher eines bedeutsamen Aufwands zur Wiederherstellung des Ausgangszustandes der Sache, so dass die Erheblichkeit im Ergebnis zu bejahen ist.
>
> ***Bsp. 2:*** *T verstellt die Außenspiegel eines Kraftfahrzeugs (vgl. BayObLG, NJW 1987, 3271-3272).*
>
> Vorliegend wird die Erheblichkeitsschwelle noch nicht überschritten. Es handelt sich um einen strafrechtlich irrelevanten Bagatellfall, der mit einfachsten Mitteln wieder behoben werden kann.

Def.: „erheblich“

Erheblich ist die Sachbeeinträchtigung also nur, wenn eine Einwirkung vorliegt, deren Beseitigung einen nennenswerten Aufwand an Zeit, Mühe oder Kosten erfordert. 225

Zusammengesetzte Sachen

Bei zusammengesetzten Sachen ist eine Beschädigung naturgemäß schon durch das bloße Auseinandernehmen möglich, sofern das erneute Zusammensetzen mit Aufwand verbunden ist. Allerdings ist bei Funktionseinheiten eine Beschädigung auch durch den (nachträglichen) Einbau fehlerhafter Teile denkbar. 226

Def.: „Zerstören"

Zerstört ist eine Sache, die in ihrer Existenz vernichtet oder so stark beschädigt ist, dass die bestimmungsgemäße Brauchbarkeit der Sache für ihre Zwecke völlig aufgehoben ist. 227

> **Bsp.:** *T wirft den iPod des O aus dem Fenster, so dass dieser in tausend Einzelteile zerspringt.*

§ 303 II

Der erst nachträglich eingeführte **§ 303 II** führt als eigener Tatbestand zu einem weitergehenden Schutz des Eigentümers. Denn es sollen auch solche Fälle erfasst werden, in denen die Grenze des „Beschädigens" noch nicht erreicht ist, also weder eine Substanzverletzung noch eine Brauchbarkeitsbeeinträchtigung vorliegt, der Eigentümer aber dennoch in seinen Rechtsgütern (z.B. Besitz, Ehre) verletzt ist. 228

Anmerkung: Vertiefen können Sie § 303 II in einem Beitrag von *Röhm*, Life&Law 2006, Heft 4, 292-295.

Tathandlung ist die unbefugte, nicht nur unerhebliche und nicht nur vorübergehende Veränderung des Erscheinungsbildes einer fremden Sache.

Der Begriff der **„Veränderung"** ist dabei äußerst weit zu verstehen. Erfasst sind alle Handlungen, die den Erfolg der Veränderung kausal bewirken, die Grenze zu einer Substanz- oder Funktionsbeeinträchtigung noch nicht überschritten wird. 229

> **Bsp.:** *Verstellen, Verhängen, Verhinderung der optischen Wahrnehmung*

Anmerkung: Qualitative Veränderungen fallen regelmäßig schon unter § 303 I. § 303 I verdrängt § 303 II (Gesetzeskonkurrenz).

Das Merkmal der **Erheblichkeit** führt wiederum zu einer Tatbestandseinschränkung und dient dem Ausschluss von Bagatellunrecht. 230

Bsp.: Das Aufhängen von Wäsche auf dem Balkon verändert das Erscheinungsbild eines Hauses in nur unerheblicher Art und Weise.

Außerdem darf die Veränderung **nicht bloß vorübergehender Natur sein**, d.h. sie darf nicht ohne Aufwand binnen kürzester Zeit wieder vergehen oder entfernt werden können. 231

Bsp.: T überklebt ein Bild mit ablösbarem Klebestreifen.

Das Spannungsfeld zwischen § 303 I und § 303 II soll die nachstehende Skizze verdeutlichen.

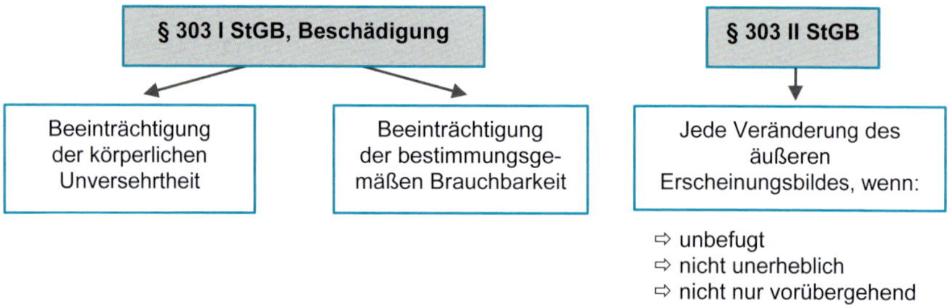

§ 6 Diebstahl 232

A. Überblick 233

Anmerkung: Zahlreiche gutachtlich aufbereitete Fälle zum Diebstahl finden Sie in Hemmer/Wüst - Die 44 wichtigsten Fälle Strafrecht BT I, Fälle 1 bis 11.

Geschütztes Rechtsgut

Im 19. Abschnitt des StGB sind die Vorschriften zum Diebstahl und zur Unterschlagung normiert. Geschützt wird **fremdes Eigentum**.

Systematik

§ 242 bildet den **Grundtatbestand** des Diebstahls.

Die §§ 244, 244a bilden echte **Tatbestandsqualifikationen**, während § 243 mittels der **Regelbeispieltechnik** besonders schwere Fälle des Diebstahls nennt.

Der Tatbestand der Unterschlagung ist gegenüber § 242 verselbständigt. Im Rahmen der Zueignungsdelikte kommt § 246 eine **Auffangfunktion** (vgl. die Subsidiaritätsklausel, § 246 I a.E.) zu.

Ebenfalls um **eigenständige Tatbestände** handelt es sich bei § 248b (Unbefugter Gebrauch eines Fahrzeugs) und § 248c (Entziehung elektrischer Energie). Auf deren Bedeutung wird bei den einzelnen Tatbestandsmerkmalen des Diebstahls einzugehen sein.

hemmer-Methode: Bevor Sie mit der Lektüre fortfahren, verschaffen Sie sich nochmals selbst einen Überblick über die einzelnen Vorschriften der §§ 242 ff.

B. Der Grundtatbestand des § 242 (Diebstahl) 234

In § 242 I findet sich die Grundnorm des Diebstahls. Danach wird bestraft, wer eine fremde bewegliche Sache in der Absicht wegnimmt, die Sache sich oder einem Dritten rechtswidrig zuzueignen.

Überschießende Innentendenz

Der Diebstahl ist ein **erfolgskupiertes Delikt**. Für derartige Delikte mit überschießender Innentendenz ist charakteristisch, dass eine subjektive Komponente – wie hier das Merkmal der Zueignungsabsicht – im objektiven Tatbestand keinen Bezugspunkt hat.

Anmerkung: Typisch für erfolgskupierte Delikte ist, dass diese regelmäßig eine sog. „tatbestandliche Nachzone bzw. Beendigungsphase“ (z.B. die Beutesicherung) aufweisen. In Klausuren stellt sich in diesem Zusammenhang oftmals die umstrittene Frage, ob in dieser „Nachzone“ noch eine Beteiligung stattfinden kann. Der BGH lässt dies grundsätzlich zu.

Aus diesem Umstand resultiert das folgende Aufbauschema:

I. Prüfungsschema, § 242 I 235

I. Tatbestand

1. Objektiver Tatbestand

a) Tatobjekt: fremde bewegliche Sache

b) Tathandlung: Wegnahme

2. Subjektiver Tatbestand

a) Vorsatz bezüglich **a)** und **b)**

b) Absicht der rechtswidrigen Zueignung

II. Rechtswidrigkeit

III. Schuld

IV. Ggf. Strafantragserfordernis (§§ 247, 248a)

II. Die einzelnen Tatbestandsmerkmale 236

Auf der Ebene des objektiven Tatbestands ist die Wegnahme einer fremden beweglichen Sache erforderlich.

1. Fremde bewegliche Sache 237

Def.: „Sache“

Eine Sache ist jeder **körperliche Gegenstand** (vgl. § 90 BGB), also ein konkret wahrnehmbares, gegen andere Gegebenheiten abgrenzbares Objekt.

Def.: „Beweglich“

Anmerkung: Zu Auslegungsschwierigkeiten in Bezug auf den Begriff der Sache (Tiere, Körperteile, etc.) vgl. Sie die Ausführungen zu § 303 unter Rn. 216 ff.

Beweglichkeit ist im natürlichen Sinne zu verstehen und 238
setzt lediglich die **faktische Transportfähigkeit** des Gegenstandes voraus. Es genügt demnach, wenn die Sache zur Wegnahme beweglich gemacht werden kann.

Bsp.: T demontiert die Heizkörper aus dem Keller des Nachbarhauses und verkauft diese auf dem Schwarzmarkt.

Def.: „Fremd"

Das Merkmal der **Fremdheit** richtet sich ausschließlich nach der zivilrechtlichen Eigentumslage. Fremd ist eine Sache dann, wenn sie nicht herrenlos ist und nicht im Alleineigentum des Täters steht. *239*

Anmerkung: Denken Sie bei Wild stets an die Jagdwilderei, § 292. Schutzgut dieser Vorschrift ist nicht das Eigentum, sondern das **Aneignungsrecht** des Jagdberechtigten, siehe Rn. 220.

Die Frage nach der Eigentumsfähigkeit einer Sache kann teilweise schwer zu beantworten sein. Zweifelhaft kann insbesondere die Einstufung von Körper- oder Leichenteilen oder Implantaten als fremde Sachen sein (siehe dazu bereits oben, Rn. 218).

Ferner ist zu beachten, dass die strafrechtliche Beurteilung der Eigentumslage nicht immer mit der zivilrechtlichen Einordnung konform läuft.

Bsp.: B verkauft und übereignet dem A ein Buch, wobei A den B dazu arglistig veranlasst hatte. Zwei Tage später nimmt B das Buch in einem unbemerkten Moment wieder an sich, nachdem er zuvor den Irrtum erkannt hatte und wirksam die Anfechtung wegen arglistiger Täuschung erklärt hatte.

Wegen §§ 142, 123 BGB („Fehleridentität") und der dort angeordneten ex tunc-Wirkung hat B niemals das Eigentum an dem Buch verloren, so dass die Sache an sich nicht „fremd" gewesen ist. Für die strafrechtliche Beurteilung ist jedoch nur die tatsächliche Rechtslage im **Zeitpunkt der Vornahme der tatbestandlichen Ausführungshandlung** (Wegnahme) relevant. Zivilrechtliche Rückwirkungsfiktionen bleiben insoweit außer Acht.

hemmer-Methode: Hintergrund der unterschiedlichen Anknüpfung ist, dass im Strafrecht eine bestimmte Situation auf die Strafbarkeit hin untersucht wird und deshalb zivilrechtliche Fiktionen dem Sinn und Zweck des Strafrechts zuwider laufen würden. Für das Beispiel bedeutet dies, dass B eine fremde Sache weggenommen hat. Jedoch scheitert eine Strafbarkeit daran, dass aufgrund der wirksamen Anfechtung der B einen fälligen und einredefreien Anspruch auf die Sache erwarb. Es fehlt insoweit an der Absicht, sich die Sache „rechtswidrig" zuzueignen.

2. Wegnahme 240

Tathandlung des Diebstahls ist die **Wegnahme** einer fremden beweglichen Sache.

Def.: „Wegnahme“

Wegnahme wird definiert als der Bruch fremden und die Begründung neuen, nicht notwendigerweise tätereigenen Gewahrsams.

In Klausuren empfiehlt es sich, das Tatbestandsmerkmal des Gewahrsams (wenigstens gedanklich) in drei Schritten zu prüfen:

⇨ **Gewahrsam**

⇨ **Bruch fremden Gewahrsams sowie**

⇨ **Begründung neuen Gewahrsams**

a) Gewahrsamsbegriff 241

Def.: „Gewahrsam“

Gewahrsam ist die vom Herrschaftswillen getragene tatsächliche Sachherrschaft unter Berücksichtigung der Anschauungen des täglichen Lebens (= Verkehrsauffassung).

Kennzeichnend sind demnach ein **objektives**, ein **subjektives** und ein **normatives Element**.

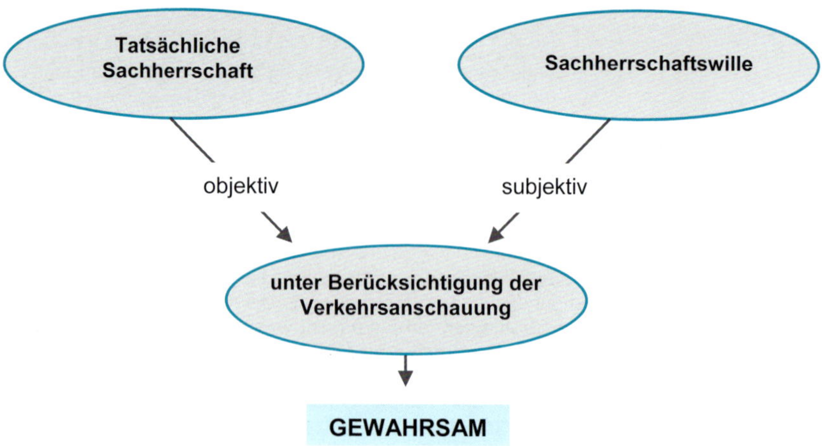

aa) Objektives Element 242

Als objektives Element setzt die tatsächliche Sachherrschaft die faktische Möglichkeit voraus, auf die Sache ohne nennenswerte Hindernisse unmittelbar einwirken zu können.

> **Bsp.:** *Der Kioskbesitzer hat die tatsächliche Sachherrschaft über seine Waren in der Auslage.*

bb) Subjektives Element 243

An den Gewahrsamswillen – also das subjektive Element des Gewahrsamsbegriffs – werden keine allzu strengen Anforderungen gestellt. Es genügt ein sog. **genereller Herrschaftswille**. Demzufolge muss die subjektive Komponente nicht stets in aktualisierter Form vorliegen. Insbesondere können auch Kinder, Schlafende oder Bewusstlose einen solchen natürlichen Herrschaftswillen bilden. Der Gewahrsamswille endet erst mit dem Tod oder der bewussten Aufgabe des Herrschaftswillens.

> **Bsp.:** *T entdeckt am Wegesrand eine Leiche (O). Er nutzt die günstige Gelegenheit und entwendet eine kostbare Goldkette.*
>
> Bei der Goldkette handelt es sich um eine fremde bewegliche Sache, da diese wegen der Universalsukzession gemäß § 1922 BGB mit dem Tod des Opfers in das Eigentum der Erben gelangt ist. Im Tatzeitpunkt hatte O aber keinen Gewahrsam mehr, denn mit dem Tod endet die Fähigkeit zur Bildung eines natürlichen Herrschaftswillens. Auch sonst hat keine Person Gewahrsam an der Goldkette. Insbesondere geht der Gewahrsam nicht auf die Erben über (anders wieder die Fiktion im Zivilrecht, wonach mit dem Erbfall der unmittelbare Besitz auf den Erben übergeht, § 857 BGB). T kann somit lediglich nach § 246 I (Unterschlagung) bestraft werden.

Anmerkung: Beachten Sie wieder die Unterschiede zwischen Strafrecht und Zivilrecht! Die Begriffe „Gewahrsam" und „Besitz" ähneln sich, sind aber keinesfalls deckungsgleich. Sinn und Zweck der Fiktion des Erbenbesitzes gemäß § 857 BGB ist es, den gutgläubigen Erwerb Dritter gemäß § 932 BGB über § 935 I BGB zu verhindern. Im Strafrecht spielt diese Konstruktion keine Rolle, ein faktisches Begriffsverständnis ist grundsätzlich zugrunde zu legen. Ähnlich ist es hinsichtlich § 855 BGB: Nach dieser Vorschrift hat ein sog. Besitzdiener keinen unmittelbaren Besitz im zivilrechtlichen Sinne. Im Strafrecht wird dagegen grundsätzlich die Gewahrsamsinhaberschaft des Besitzdieners zu bejahen sein.

cc) Normatives Element 244

Für die Bestimmung der tatsächlichen Sachherrschaft bzw. des Herrschaftswillens ist vor allem die **Verkehrsauffassung** auslegungsentscheidend. Der Gewahrsamsbegriff ist damit maßgebend von einem normativen Element geprägt. Ein ausschließlich faktisches Gewahrsamsverständnis, welches allein auf die unmittelbare Einwirkungsmöglichkeit auf die Sache abstellt, wäre einerseits zu eng, andererseits aber auch zu weit.

Zur Verdeutlichung dienen die folgenden Beispiele:

> **Bsp.:** *O stellt sein Fahrzeug auf dem Parkplatz eines Flughafens ab und verreist für einige Tage in die Türkei. T entwendet den PKW.*
>
> Rein objektiv betrachtet fehlt O mit Verlassen des Kfz die faktische Zugriffsmöglichkeit. Nach der Verkehrsauffassung wird O aber gleichwohl eine hinreichende Zugriffsmöglichkeit eingeräumt, so dass O seinen Gewahrsam noch nicht verloren hat und eine Bestrafung des T aus § 242 I möglich bleibt.
>
> **Bsp.:** *O probiert in einem Kaufhaus ein Sommerkleid an. T entreißt es ihr und rennt aus dem Kaufhaus.*
>
> Fraglich ist, wer im Zeitpunkt des Entreißens Gewahrsamsinhaber war. In Betracht kommt sowohl O als auch der jeweilige Kaufhausinhaber. Maßgeblich ist die Verkehrsauffassung. Nach der Anschauung des täglichen Lebens begründet das Anprobieren noch keinen Gewahrsam des Kunden. Normativ gesehen verbleibt somit der Gewahrsam beim Kaufhausinhaber. Damit hat T fremden Gewahrsam gebrochen, indem er das Kaufhaus mit dem Sommerkleid verlassen hat.

Anmerkung: Wäre im Fall Eigentümerin des Kaufhauses eine GmbH gewesen, dürften Sie keinesfalls hinsichtlich der Gewahrsamsinhaberschaft auf diese abstellen. **Juristische Personen** können schon keinen Sachherrschaftswillen bilden. Abzustellen ist in derartigen Konstellationen immer auf den **Willen des gesetzlichen Vertreters** (hier des Geschäftsführers, § 35 GmbHG). Entwendet dieser wiederum rechtswidrig einen Gegenstand aus dem Gesellschaftsvermögen, kommt eine Bestrafung wegen Unterschlagung nach § 246 oder ggf. auch wegen Untreue (§ 266) in Betracht. Ein Diebstahl scheidet mangels Gewahrsamsbruchs aus.

Zu beachten ist weiterhin, dass es bei der Zuordnung des Gewahrsams **nicht** auf die Rechtmäßigkeit der Gewahrsamsinhaberschaft ankommt.

Demnach kann auch ein Dieb an der gestohlenen Sache Gewahrsam haben, mit der Folge, dass bezüglich einer unrechtmäßig erlangten Sache wiederum ein Gewahrsamsbruch denkbar ist. Dies gilt unabhängig von der Streitfrage, ob § 242 StGB ausschließlich oder wenigstens neben dem Eigentum auch den Gewahrsam an einer Sache schützt. Schließlich wird im Falle einer wiederholten Wegnahme grundsätzlich auch der Eigentümer erneut verletzt.

Bsp.: *T gelang die Flucht aus dem Kaufhaus mit dem Sommerkleid. Auch X findet Gefallen an dem Kleid und entreißt es T auf offener Straße.*

245

dd) Typische Probleme

Mit dem Gewahrsamsbegriff sind typische Klausurprobleme verbunden, die nun überblicksartig dargestellt werden.

Mehrere Gewahrsamsinhaber

Schwierigkeiten können sich insbesondere ergeben, wenn mehrere Personen als Gewahrsamsinhaber in Betracht kommen. So kann beispielsweise ein **gleichrangiger Mitgewahrsam** oder ein durch ein **Über-/Unterordnungsverhältnis** geprägter Gewahrsam vorliegen. 246

Gleichberechtigter Mitgewahrsam

Bsp.: *T zieht nach einem Streit aus der ehelichen Wohnung aus. Sie entwendet dabei die Kaffeemaschine, die der T und ihrem Mann O gemeinsam gehört.* 247

Da die Kaffeemaschine nicht im Alleineigentum der T steht, ist sie fremd i.S.v. § 242 und damit taugliches Diebstahlsobjekt.

Darüber hinaus muss eine Wegnahme, d.h. der Bruch fremden und die Begründung neuen, nicht notwendigerweise tätereigenen Gewahrsams, vorliegen.

Gewahrsam ist die vom Herrschaftswillen getragene tatsächliche Sachherrschaft unter Berücksichtigung der Verkehrsauffassung. Bei Zugrundelegung der Anschauungen des täglichen Lebens sind beide Eheleute gleichberechtigte Mitgewahrsamsinhaber. Der Bruch gleichstufigen und somit zumindest auch-fremden Gewahrsams ist grundsätzlich ausreichend.

Über- und untergeordneter Gewahrsam

Bsp.: *T ist angestellter Zimmermann im Handwerksunternehmen des O. In einem unbemerkten Augenblick lässt er eine teure Säge in seiner Sporttasche verschwinden und macht sich auf den Heimweg.* 248

Bei wertender Betrachtung lässt sich hier vertreten, dass sowohl der Unternehmer O als auch T tatsächliche Einwirkungsmöglichkeiten in Bezug auf das Werkzeug besitzen. Im Verhältnis zu T ist der Gewahrsam des O nach der Verkehrsauffassung allerdings übergeordnet, der von T auch gebrochen werden kann, weshalb § 242 I eingreift. Merken muss man sich beim **sog. mehrstufigen Gewahrsam**, dass nur der übergeordnete Gewahrsam gebrochen werden kann, während die Aufhebung des untergeordneten Gewahrsams von Seiten des übergeordneten Gewahrsamsinhabers (umgekehrter Fall!) nicht als Gewahrsamsbruch zu qualifizieren ist. Hier kommt lediglich Unterschlagung in Betracht, § 246, falls es sich um eine für den Täter fremde Sache handelt.

Anmerkung: In ähnlich gelagerten Fällen wird teilweise auch die Ansicht vertreten, der Angestellte habe grundsätzlich überhaupt keinen Gewahrsam an den Sachen des Betriebes. Die Angestellten fungieren dann als bloße **Gewahrsamsdiener**, die unproblematisch den Alleingewahrsam des Geschäftsinhabers brechen können. Für die Falllösung spielt es in den meisten Konstellationen jedoch keine Rolle, ob Sie nun von Alleingewahrsam des Betriebsleiters oder von untergeordnetem Mitgewahrsam des Angestellten oder Arbeiters ausgehen. Insbesondere wenn **Dritte** eine Sache aus dem Geschäft entwenden, kommt der genauen Bestimmung der Gewahrsamsverhältnisse nur eine geringe Bedeutung zu. Schließlich wurde entweder der untergeordnete Gewahrsam des Angestellten oder der Alleingewahrsam des Geschäftsinhabers gebrochen. In jedem Fall ist der Anwendungsbereich des Diebstahls eröffnet.

Ein besonderer Fall zu der Abgrenzung zwischen Alleingewahrsam und mehrstufigem Mitgewahrsam erläutert das folgende Beispiel:

Bsp.: *Fahrer A nimmt während der Fahrt von der Brauerei zur nahe gelegenen Gaststätte ein Fass Bier von der Ladefläche des Lkws seines Arbeitgebers.*

Solange sich der Lkw noch im nahen Ortsbereich der Brauerei befindet, wird meist Alleingewahrsam oder übergeordneter Mitgewahrsam des Geschäftsherrn angenommen. Auch hier liegt folglich ein Gewahrsamsbruch vor. Begibt sich der Fahrer dagegen auf eine Fernfahrt, besteht nach h.M. Alleingewahrsam des Fahrzeugführers, so dass dann kein Gewahrsamsbruch mehr möglich ist, sondern sich lediglich eine Bestrafung wegen Unterschlagung legitimieren lässt. Begründet wird diese Differenzierung damit, dass auf Fernfahrten der Geschäftsherr regelmäßig keine Einwirkungsmöglichkeiten mehr hat.

Von Alleingewahrsam wird nach allgemeiner Ansicht in den Fällen ausgegangen, in denen ein Kassierer oder Kassenverwalter allein für den Kasseninhalt verantwortlich ist, also niemand bis zur Abrechnung gegen den Willen des Verantwortlichen Geld entnehmen darf.

Gewahrsam an verlegten oder verlorenen Sachen

Probleme kann ebenfalls die Zuordnung des Gewahrsams bereiten, wenn Gegenstände **verlegt** werden oder **verloren** gehen. 249

Bsp. 1: *O verlegt in ihrer Wohnung ihre Geldbörse. T findet sie und nimmt sie an sich.*

Der Gewahrsam setzt lediglich die Möglichkeit des Einwirkens auf die Sache voraus. Diese objektive Komponente des Gewahrsamsbegriffs ist damit erfüllt. Fraglich ist, ob O auch Sachherrschaftswillen hatte. Dies könnte deshalb fraglich sein, weil sie die Geldbörse verlegt hat und deshalb nicht unmittelbar auf diese einwirken kann. Jedoch besteht ein genereller Gewahrsamswille an allen Gegenständen, welche sich in der Gewahrsamssphäre der O befinden. T hat folglich fremden Gewahrsam gebrochen und neuen begründet. T ist wegen eines Diebstahls strafbar.

Bsp. 2: *O verliert ihre Geldbörse unbemerkt in der Gaststätte des G. T registriert das Missgeschick der O und steckt die Brieftasche ein.*

Hier hat O ihre Geldbörse in einem fremden Herrschaftsbereich verloren, ohne Kenntnis vom Verbleib des Gegenstandes zu haben. Ihre tatsächliche Zugriffsmöglichkeit endet insoweit. Zudem gehört die Gaststätte nicht zum Gewahrsamsbereich von O. Jedoch hat G nach der Verkehrsauffassung Gewahrsam an den Gegenständen, welche in seiner Gaststätte liegen bleiben und insoweit auch generellen Herrschaftswillen. T hat folglich den Gewahrsam des G gebrochen und neuen begründet, mithin eine fremde bewegliche Sache weggenommen. Da auch die übrigen Voraussetzungen der Strafbarkeit erfüllt sind, ist T wegen eines Diebstahls gemäß § 242 I strafbar.

hemmer-Methode: Merken Sie sich, dass der Tatbestand § 242 I nicht voraussetzt, dass gerade Gewahrsam des Eigentümers gebrochen werden müsste. Folglich können Eigentümer und Gewahrsamsinhaber auseinanderfallen.

Bsp. 3: *Auf dem Heimweg von einer feucht-fröhlichen Studentenparty verliert O ihre Armbanduhr in einer kleinen Seitenstraße. T nutzt die günstige Gelegenheit und nimmt die Uhr an sich. Am nächsten Tag kann sich O nicht erklären, wo sie ihre Uhr gelassen hat.*

Da O von dem Verbleib der Uhr keine Kenntnis hat und diese auch nicht in einem von einer bestimmten Person beherrschten Gewahrsamsbereich verblieben ist, ist die Sache gewahrsamslos zum Zeitpunkt der Tathandlung. Mangels „Gewahrsamsbruch" liegt keine Wegnahme vor, so dass T nicht gemäß § 242 I bestraft werden kann. In Betracht kommt allerdings eine Strafbarkeit wegen Unterschlagung, § 246 I.

Aus der Analyse der soeben vorgestellten Beispiele ergibt sich folgendes gedankliches Prüfungsschema für die Fälle, in denen Sachen verlegt oder verloren werden:

⇨ Verlust in eigenem oder fremdem Herrschaftsbereich?

⇨ Kenntnis von dem Ort des Verlusts des Gegenstandes?

⇨ **(Erst) wenn beides (-): Sache gewahrsamslos**

Verschlossene Behältnisse in fremden Räumen

Zweifelhaft ist außerdem, wer Gewahrsam an abschließbaren Behältnissen hat, die sich in fremden Räumen befinden. 250

Bsp. 1: *Der Bankangestellte T knackt das Schließfach des O und entwendet diverse Schmuckstücke.*

Bei ortsfesten Behältnissen hat der Schlüsselinhaber nach h.L. wenigstens Mitgewahrsam an dem Inhalt. T hat daher den Gewahrsam des O i.S.d. § 242 I gebrochen.

Bsp. 2: *O vertraut ihrer besten Freundin T eine verschließbare Schmuckschatulle an. Als T in Geldnot gerät, bricht sie die Schatulle auf und nimmt den Schmuck an sich.*

Die h.M. und der BGH sprechen dem Schlüsselinhaber bei Vorliegen eines frei beweglichen Behältnisses die Gewahrsamsinhaberschaft ab und plädieren für Alleingewahrsam des Verwahrers. T ist deshalb wegen einer veruntreuenden Unterschlagung gemäß § 246 II strafbar.

b) Bruch fremden Gewahrsams 251

Def.: „Gewahrsamsbruch"

Unter **Gewahrsamsbruch** versteht man den Gewahrsamswechsel **gegen oder ohne den Willen** des ursprünglichen Gewahrsamsinhabers.

hemmer-Methode: Kommt Ihnen die Formulierung „gegen den Willen" des Berechtigten bekannt vor? Diese war auch im Rahmen des Hausfriedensbruchs von Bedeutung und dort Ansatzpunkt für ein tatbestandsausschließendes Einverständnis. Nutzen Sie hier nochmals die Gelegenheit zur Wiederholung des § 123 und lesen Sie Rn. 183 ff.

Tatbestandsausschließendes Einverständnis

Bei Vorliegen eines **Einverständnisses** des Berechtigten ist also schon die objektive Tatbestandsmäßigkeit des Diebstahls nicht gegeben. 252

Bsp.: T bittet seinen Freund O, ihm für kurze Zeit seine Waschmaschine zu „leihen". In Wirklichkeit hatte T aber nie vor, diese dem O wieder zurückzugeben. Später behält T dann auch die Maschine für sich.

Eine Strafbarkeit des T aus § 242 I setzt zunächst die Wegnahme einer fremden beweglichen Sache voraus. Bei der Waschmaschine handelt es sich einen körperlichen Gegenstand, der im Alleineigentum des O steht und damit „fremd" ist. Des Weiteren müsste auch eine Wegnahme vorliegen. Hierfür ist insbesondere eine Gewahrsamsverschiebung gegen oder ohne den Willen des ursprünglichen Gewahrsamsinhabers erforderlich. Vorliegend hat O seinem Freund bewusst die tatsächliche Sachherrschaft an der Maschine verschafft. Er war daher mit der Gewahrsamsübertragung einverstanden. An der Wirksamkeit dieses tatbestandsausschließenden Einverständnisses vermag der Umstand der Täuschung des T nichts mehr zu ändern. Aufgrund des faktischen Charakters eines Einverständnisses ist dieses auch dann wirksam, wenn es täuschungsbedingt erging. Mangels Gewahrsamsbruchs kann T nicht wegen Diebstahls i.S.d. § 242 I bestraft werden.

Anmerkung: In einer Klausur wäre die Prüfung an dieser Stelle noch nicht zu Ende. Im nächsten Schritt müssten Sie eine Strafbarkeit wegen **Betrugs** gemäß § 263 I untersuchen und im Ergebnis bejahen, denn O hat irrtumsbedingt eine bewusste Vermögensverfügung vorgenommen, welche zu einem Vermögensschaden führte. Darüber hinaus handelte T auch vorsätzlich und mit der Absicht, sich rechtswidrig zu bereichern. Da die Tat auch rechtswidrig und schuldhaft geschah, ist O wegen eines Betrugs strafbar. Wichtig ist, dass Sie bereits jetzt erkennen, dass Diebstahl und Betrug in Bezug auf eine Tathandlung niemals gleichzeitig vorliegen können. Man spricht deshalb auch von einem **Exklusivitätsverhältnis** zwischen § 242 I und § 263 I. Vertiefend dazu Rn. 335 ff.

Schwierigkeiten kann die Frage nach dem Vorliegen eines Einverständnisses ebenso in den folgenden praxis- und klausurrelevanten Konstellationen bereiten:

Bsp. 1: T spielt einen Glücksspielautomaten „leer", indem er präparierte Münzen einwirft.

Problem: Waren- und Spielautomaten

T könnte wegen eines Diebstahls an den vom Automat ausgegebenen Geldmünzen strafbar gemacht haben. Fraglich ist insbesondere, ob eine „Wegnahme“ der Münzen bejaht werden kann. Nach h.M. liegt bei Waren- oder Spielautomaten grundsätzlich ein Einverständnis des Betreibers mit der Herausnahme der Ware bzw. des Gewinns vor. Allerdings steht das Einverständnis unter der **Bedingung** der äußerlich ordnungsgemäßen Bedienung. Im Beispielsfall hat T aber das Gewinnspiel mit präparierten Münzen in Gang gesetzt, so dass die Bedienungsbedingung nicht erfüllt ist und ein Gewahrsamsbruch bejaht werden kann. Da die Münzen aufgrund der Manipulation des T nicht gemäß § 929 S. 1 BGB übereignet wurden, sind diese auch fremd. Somit ist T nach § 242 I zu bestrafen. 253

Abzugrenzen ist die erörterte Konstellation davon, dass der Täter zwar „richtiges“ Geld einwirft, dann aber aufgrund von besonderen Software-Kenntnissen (o.ä.) den Automaten überlistet. In einem solchen Fall ist grundsätzlich keine Wegnahme gegeben, so dass eine Strafbarkeit nach § 242 I ausscheidet. In Betracht kommt aber unter Umständen ein Computerbetrug, § 263a. Im Einzelnen ist hier vieles umstritten.

Anmerkung: In den „Waren- und Spielautomatenfällen“ müssen Sie regelmäßig zwei Problemkreise diskutieren. Zum einen, ob die konkrete Sache noch „fremd“ ist. Zum anderen, ob überhaupt eine Wegnahme vorliegt. Sowohl die Übereignung als auch die Gewahrsamsübertragung erfolgen nach h.M. unter der Bedingung der äußerlich ordnungsgemäßen Bedienung des Automaten.

Bsp. 2: *Der Ladeninhaber H möchte den bekannten Ladendieb T endlich schnappen und stellt ihm eine Falle. Alles verläuft nach Plan. H kann T bei der Tat beobachten und ihn vor der Tür des Einkaufshauses stellen.*

Problem: „Diebesfalle“

Die Wegnahme ist vorliegend vom Berechtigten gerade gewollt. Somit hat er nach h.M. sein Einverständnis erteilt, so dass eine Wegnahme und damit ein vollendeter Diebstahl mangels „Gewahrsamsbruchs“ ausscheidet. T handelte jedoch in Unkenntnis des Einverständnisses, was zu einer Strafbarkeit wegen untauglichen Diebstahlversuchs gemäß §§ 242 I, II, 22, 23 I, 12 II führt. Die Tatsache, dass H den T während der Tat beobachtet hat, ist dabei unschädlich. Denn der Tatbestand des § 242 I setzt nicht voraus, dass der Täter nicht bemerkt wird. 254

hemmer-Methode: Sie können sich als Schlagwort merken: „Diebstahl ist kein heimliches Delikt“.

c) Begründung neuen Gewahrsams 255

Def.: „Begründung neuen Gewahrsams“

Neuer Gewahrsam wird begründet, wenn der Täter oder ein Dritter die Sachherrschaft derart erlangt, dass er sie unbehindert durch den alten Gewahrsamsinhaber ausüben und dieser über die Sache nicht mehr verfügen kann, ohne die Verfügungsgewalt des Täters zu beseitigen.

Die „Gewahrsamsneubegründung“ markiert die formelle **Vollendung** der Diebstahlstat. Von einer „Beendigung“ im materiellen Sinne wird dagegen gesprochen, wenn die Tat als solche ihren Abschluss gefunden hat, beim Diebstahl also mit der endgültigen Beutesicherung.

Im Einzelfall kann es äußerst fraglich sein, in welchem Zeitpunkt genau bzw. ob der Täter überhaupt neuen Gewahrsam begründet hat.

> ***Bsp. 1:*** *T steckt in einem Juweliergeschäft einen Diamanten in ihre Jackentasche.*

Gewahrsamsenklave

Zweifelhaft ist vorliegend, ob T bereits durch das bloße Einstecken des Diamanten neuen Gewahrsam begründet hat. Problematisch ist dies deshalb, weil T sich noch in einem fremden Machtbereich befindet. Folglich könnte für die Neubegründung des Gewahrsams erforderlich sein, das Geschäft auch verlassen zu haben. Nach h.L. hat T jedoch bereits durch das Verbringen des (kleinen) Gegenstandes in ihre Intimsphäre eine sog. **„Gewahrsamsenklave“** geschaffen, was zur Annahme einer vollendeten Wegnahme ausreicht. 256

> ***Bsp. 2:*** *T legt in einem Selbstbedienungsladen eine Zeitung in ihren Einkaufskorb unter ein Reklameblatt. T hat nicht vor, die Zeitung an der Kasse zu bezahlen.*

Selbstbedienungsladen

Hier genügt das Legen der Zeitung in den Einkaufskorb noch nicht für die Annahme einer Gewahrsamsneubegründung. Denn der ursprüngliche Gewahrsamsinhaber könnte noch ohne tatsächliche Hindernisse Zugriff nehmen auf die Zeitung, welche im Einkaufskorb liegt. In einem solchen Fall ist die Wegnahme erst mit Verlassen des Kassenbereichs vollendet. In Betracht kommt demzufolge allenfalls eine Strafbarkeit wegen versuchten Diebstahls, §§ 242 I, II, 22, 23 I. Jedoch scheitert dieser daran, dass T noch nicht unmittelbar zur Tat ansetzte. 257

***Bsp. 3:** T will einen Schrank des O stehlen. Da er diesen alleine nicht so weit tragen kann, versteckt T den Schrank auf dem Firmengelände des O. Er will ihn mit Hilfe des X am nächsten Tag abholen.*

Verstecken von Gegenständen im Herrschaftsbereich des Gewahrsamsinhabers

Das Verstecken des Schrankes auf dem Firmengelände des O bedeutet noch keinen Gewahrsamswechsel. O kann weiterhin problemlos auf den Schrank zugreifen, während T in seinen Einwirkungsmöglichkeiten noch entscheidend beschränkt ist, weil sich der Gegenstand noch immer im Herrschaftsbereich des Berechtigten befindet und der Schrank nur schwer von dem Werksgelände entfernt werden kann. Die Wegnahme ist daher erst vollendet, wenn T den Schrank am nächsten Tag abholt und verlädt. 258

hemmer-Methode: Im Schrifttum wird zur Problematik der Begründung neuen Gewahrsams eine Fülle von verschiedenen Theorien vertreten. In den Anfangssemestern genügt es regelmäßig, wenn Sie die entsprechenden Begrifflichkeiten gehört haben und zuordnen können. So stellt die Kontrektationstheorie auf das bloße Berühren der Sache ab, während die Ablationstheorie das Fortschaffen und die Illationstheorie das Bergen der Sache fordern. Die herrschende **Apprehensionstheorie** nimmt eine vermittelnde Position ein und verlangt ein zum Gewahrsamswechsel führendes **Ergreifen** der Sache.

3. Vorsatz und die Absicht rechtswidriger Zueignung 259

Der subjektive Tatbestand des § 242 I setzt sich im Wesentlichen aus zwei Prüfungselementen zusammen. Einerseits muss der Täter Vorsatz hinsichtlich aller objektiven Tatbestandsmerkmale haben und andererseits mit der Absicht gehandelt haben, sich oder einem Dritten die Sache rechtswidrig zuzueignen.

„Überschießende Innentendenz“

Die Besonderheit der Zueignungsabsicht ist darin zu sehen, dass diese subjektive Komponente keine Entsprechung auf objektiver Tatbestandsebene findet. Der Diebstahl ist folglich ein Delikt mit sog. **„überschießender Innentendenz“** (auch „erfolgskupiertes Delikt“ genannt).

Diebstahl als „Delikt mit überschießender Innentendenz“

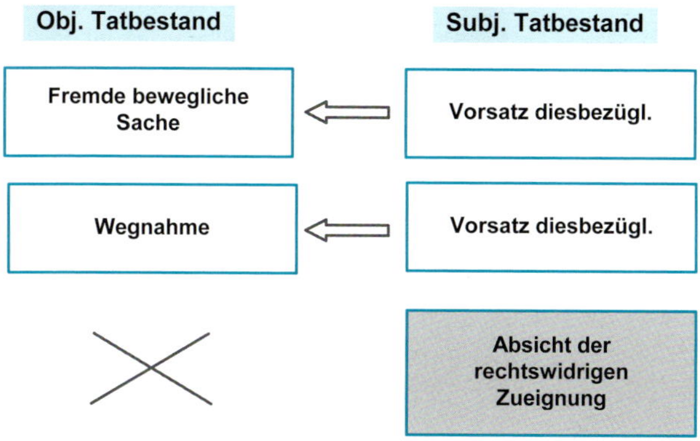

hemmer-Methode: Machen Sie sich den Unterschied zum Prüfungsaufbau der Unterschlagung nach § 246 klar: Anders als beim Diebstahl ist die „Zueignung“ bei der Unterschlagung Merkmal des objektiven Tatbestands.

a) Vorsatz 260

Parallelwertung in der Laiensphäre

Vorsatz ist der Wille zur Verwirklichung eines Straftatbestands in Kenntnis aller seiner objektiven Tatumstände. Hinsichtlich der Diebstahlsvorschrift ist besonders beachtlich, dass es sich bei dem Merkmal „fremd“ um ein **normatives Tatbestandsmerkmal** handelt, zu dessen Ausfüllung es also einer rechtlichen Bewertung bedarf. Aus diesem Grunde genügt es nicht, wenn der Täter nur die Tatsachen erfasst, die dazu führen, dass es sich um eine für ihn fremde Sache handelt. Der Vorsatz des Täters muss auch die rechtlichen Folgen rechtsgeschäftlichen Handelns erfassen, welche für die Eigentumslage von Bedeutung sind.

Dabei muss der Täter selbstverständlich nicht alle juristischen Vorgänge als solche verstehen. Vielmehr genügt es, wenn er den Sachverhalt nach Laienart richtig erfasst, sog. **„Parallelwertung in der Laiensphäre“**.

Anmerkung: Anhand des Diebstahlstatbestands werden in der Prüfungssituation gerne Irrtumsfragen abgeprüft. Denken Sie bei einem Irrtum über die Fremdheit der Sache oder über das Vorliegen eines Einverständnisses immer an die Möglichkeit eines strafbaren (untauglichen) Versuchs.

b) Absicht rechtswidriger Zueignung 261

Neben dem Vorsatz bedarf es der Absicht des Täters, sich oder einem Dritten die Sache rechtswidrig zuzueignen. Aus der Deliktsnatur der Straftaten mit überschießender Innentendenz ergibt sich, dass diese Zueignung gerade nicht stattfinden muss. Der Täter muss lediglich im Zeitpunkt der Wegnahme eine entsprechende Absicht verfolgt haben.

Sinnvoll ist es, bei der Prüfung in den folgenden drei Schritten vorzugehen:

- ⇨ Zueignungsabsicht (Aneignungsabsicht und Enteignungsvorsatz)
- ⇨ Rechtwidrigkeit der erstrebten Zueignung
- ⇨ Vorsatz bezüglich der Rechtswidrigkeit

aa) Zueignungsabsicht 262

Zueignung = Aneignung plus Enteignung

Unter **Zueignung** versteht man die Begründung von Eigenbesitz mit dem Ziel, unter Ausschluss des Berechtigten wie ein Eigentümer über die Sache zu verfügen. Die Zueignung setzt sich demnach zusammen aus einer **zumindest vorübergehenden Aneignung** und einer **dauerhaften Enteignung**.

Problem: Zueignungsobjekt

Bevor näher auf die Begrifflichkeiten „Aneignung“ und „Enteignung“ eingegangen wird, ist zunächst zu klären, was **Objekt der Zueignung** sein kann. Umstritten ist dabei, ob als Zueignungsobjekt nur die Sache als solche oder auch der in ihr verkörperte Wert in Betracht kommt. 263

> **Bsp.:** *T entwendet das Sparbuch des O. Damit geht er zur Bank und hebt 100 € ab. Dann legt er das Sparbuch – wie von Anfang an geplant – auf O´s Schreibtisch zurück, noch bevor dieser etwas bemerkt.*
>
> Eine Strafbarkeit wegen Diebstahls lässt sich nur dann legitimieren, wenn T im Zeitpunkt der Wegnahme mit Zueignungsabsicht handelte. Problematisch ist hier, dass T hinsichtlich des Sparbuchs – also der *Sachsubstanz* – nicht die Absicht hatte, den ursprünglichen Eigentümer aus seiner Herrschaftsposition dauerhaft zu verdrängen. Sein Vorhaben zielte vielmehr von Anfang an auf die Erlangung des in dem Sparbuch verkörperten Geldbetrags. Die Bejahung der Zueignungsabsicht hängt folglich davon ab, ob man auch den Sach*wert* als taugliches Zueignungsobjekt ansehen kann.

Substanztheorie: „nur die Sache selbst“

Die **Substanztheorie** lässt als Zueignungsgegenstand nur die Sache selbst gelten und stützt ihre Auslegung auf den Wortlaut („die Sache…zuzueignen“). Nach dieser Auffassung kann T daher nicht aus § 242 I bestraft werden. 264

Sachwerttheorie: „der in der Sache verkörperte Wert“

Hingegen ist nach der **Sachwerttheorie** der wirtschaftliche Wert der Sache das Objekt der Zueignung. Teilweise wird dabei nur der in der Sache selbst verkörperte Wert (lat.: lucrum ex re) als Zueignungsgegenstand zugelassen. Andere Stimmen in der Literatur stellen maßgeblich auf den Veräußerungswert der Sache (lat.: lucrum ex negotio cum re) ab. Demgemäß handelte T mit Zueignungsabsicht. 265

Vereinigungstheorie: „Sache selbst und Sachwert“

Die in Rechtsprechung und Literatur vorherrschende **Vereinigungstheorie** verbindet beide Ansätze miteinander und lässt es genügen, wenn sich die Absicht der rechtswidrigen Zueignung entweder auf die Sache selbst oder auf den in ihr verkörperten Wert bezieht. 266

Im Fall kam es T darauf an, sich die in dem Sparbuch verbriefte Forderung (100 €) zuzueignen, was i.S.d. Vereinigungslehre für die Annahme der Zueignungsabsicht ausreichend ist. T ist deshalb nach § 242 I zu bestrafen.

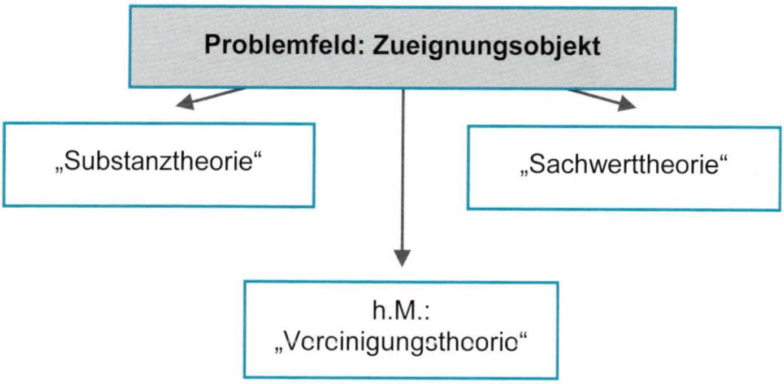

hemmer-Methode: Auf den dargestellten Streit dürfen Sie in einer Klausur – wie auch sonst – nur eingehen, wenn er tatsächlich fallrelevant wird. Solange der Täter sich die Sache (z.B. einen Mantel) selbst zueignen möchte, ist die Problematik nicht von Bedeutung, weshalb sie auch nicht näher erörtert werden darf. Ansonsten droht erheblicher Punktabzug!

Wie bereits angedeutet, besteht der Begriff der Zueignung aus zwei Komponenten, nämlich der **Aneignung** und der **Enteignung**.

Aneignungsabsicht

Aneignung ist die Anmaßung einer eigentümerähnlichen Herrschaftsmacht (lat.: se ut dominum gerere) mit dem Ziel, die Sache selbst oder den in ihr verkörperten Sachwert dem eigenen Vermögen *oder* dem eines Dritten einzuverleiben, sei es auch nur **vorübergehend**. Hinsichtlich der Aneignungskomponente ist **Absicht** erforderlich, d.h. dolus directus 1. Grades. 267

Die Aneignungsabsicht ist vor allem dann zu verneinen, wenn der Täter die Sache nur an sich nimmt, um sie später wegzuwerfen oder zu zerstören.

> **Bsp.:** *T nimmt den iPod von O an sich. Da er O nur ärgern will und selbst gar nicht gerne Musik hört, wirft er das Gerät zu Hause in das offene Kaminfeuer.*

Bloße Sachentziehung

T hatte hier zu keinem Zeitpunkt den Entschluss gefasst, sich bezüglich des iPods als Eigentümer zu gerieren. In der bloßen Besitzbegründung durch Wegnahme liegt noch keine (vorübergehende) Aneignung. Es handelt sich um eine **Sachentziehung**, die im konkreten Fall eine Sachbeschädigung i.S.d. § 303 I darstellt, aber keinen Diebstahl. 268

Anmerkung: Dass bei bloßer Sachentziehung nicht automatisch ein Diebstahl verwirklicht ist, ergibt sich zwingend aus dem Gesetz. Denn ein Diebstahl liegt nur vor, wenn neben dem objektiven Merkmal der Wegnahme auch die subjektive Voraussetzung der Zueignungsabsicht erfüllt ist. Lesen Sie immer wieder den Gesetzestext und vergegenwärtigen Sie sich anhand dessen das Gelernte! Damit schaffen Sie eine Verknüpfung zwischen Ihrem abgespeichertem Wissen und dem Gesetzestext. Dies ist besonders hilfreich in der Klausursituation.

Die Sachentziehung wird aber dann zum Diebstahl, wenn der Täter die Sache wenigstens vorübergehend im eigenen Interesse nutzen möchte.

> **Bsp.:** *T entwendet O ein Paar Strümpfe, weil es am Tattag besonders kalt ist und T mal wieder zu faul war, seine Wäsche zu waschen. Nach dem Gebrauch wirft er die Socken – wie von Beginn an geplant – in den Müll.*

Enteignungsvorsatz

Enteignung ist die **dauerhafte** Verdrängung des Berechtigten aus seiner bisherigen faktischen Herrschaftsposition. Im Gegensatz zur Aneignung genügt hierbei **Eventualvorsatz**. 269

Besonders beliebt in Klausuren ist an dieser Stelle die Problematik der sog. **„Rückführungsfälle“**. 270

Bsp. 1: *T radelt zur Uni. Da sein Fahrradreifen fast keine Luft mehr hat, er aber nicht zu spät zur Vorlesung kommen will, nimmt er sich die Luftpumpe von O´s Fahrrad. Nachdem T seine Reifen aufgepumpt hat, legt er – wie von Anfang an geplant – die Luftpumpe wieder zurück.*

T hat eine fremde bewegliche Sache vorsätzlich weggenommen. Fraglich ist allerdings die Absicht der rechtswidrigen Zueignung. Zueignung bedeutet zumindest vorübergehende Aneignung bei dauerhafter Enteignung.

Zweifelhaft ist, ob T den O enteignen wollte. Dies setzt eine zumindest bedingt vorsätzliche dauerhafte Verdrängung des Berechtigten aus seiner Herrschaftsposition voraus. T wollte von Anfang an die Luftpumpe zurücklegen. Es fehlt damit an dem Vorsatz der Enteignung und somit an der Zueignungsabsicht. Damit scheidet eine Strafbarkeit gemäß § 242 I aus.

Eine Strafbarkeit wegen Unterschlagung gemäß § 246 I lässt sich ebenfalls nicht rechtfertigen. Diese setzt bereits auf objektiver Tatbestandsebene eine Zueignung voraus. Eine solche fehlt bei T, da ein entsprechender Zueignungswille sich nicht nach außen manifestiert hat.

Gebrauchsanmaßung (furtum usus)

Vielmehr liegt ein Fall der grundsätzlich straflosen **Gebrauchsanmaßung** (lat.: furtum usus) vor. Eine solche ist immer dann gegeben, wenn der Täter die Sache an den Eigentümer zurückführen will, und zwar ohne die Sache an der Substanz zu verletzen oder sonstige erhebliche Werteinbußen herbeizuführen. 271

Aus dem Umkehrschluss ergibt sich wiederum, dass von einer straflosen Gebrauchsanmaßung gerade nicht gesprochen werden kann, wenn der Täter die Sache in einer Art und Weise dem Berechtigten wieder zur Verfügung stellt, dass die Sache dem Zugriff Dritter ausgesetzt und die tatsächliche Rückführung dem Zufall überlassen ist. In derartig gelagerten Fällen ist § 242 I einschlägig, weil man regelmäßig hinsichtlich der dauerhaften Enteignung von dolus eventualis ausgehen kann.

Bsp. 2: *T sieht den Pkw des O, in dem der Zündschlüssel noch steckt, am Straßenrand vor dessen Haus stehen. Er nutzt die Gelegenheit für eine Spritztour. Danach stellt er den Pkw – wie von Anfang an geplant – an einem entfernten Waldrand ab und lässt den Zündschlüssel stecken.*

§ 248b

Die bloße Gebrauchsanmaßung ist regelmäßig straflos. Etwas anderes gilt jedoch gemäß § 248b, nämlich bei einer Gebrauchsanmaßung in Bezug auf Kraftfahrzeuge (Legaldefinition: § 248b IV) und Fahrräder. 272

Bsp. 3: *Wie Bsp. 2, nur mit dem Unterschied, dass T diesmal den Pkw an den Ausgangsort zurückbringt.*

§ 242 I scheidet hier – wie im Beispiel 1 – wegen des fehlenden Enteignungsvorsatzes aus. Die Gebrauchsanmaßung bei Fahrzeugen ist aber in § 248b I ausnahmsweise selbständig unter Strafe gestellt. T ist deshalb wegen unbefugten Gebrauchs eines Fahrzeugs gemäß § 248b I strafbar.

hemmer-Methode: Um eine Klausur abzurunden, kann an dieser Stelle noch klargestellt werden, dass zwar bezüglich des Benzins im Tank, welches verbraucht wird, die Voraussetzungen des Diebstahls erfüllt sind. Würde man einen solchen Diebstahl bejahen, wäre jedoch § 248b I beim Gebrauch von Kraftfahrzeugen stets verdrängt und damit überflüssig. Deshalb tritt § 242 I bezüglich des Benzins als mitbestrafte notwendige Begleittat hinter § 248b I zurück.

Drittzueignung

Der Tatbestand des § 242 I erfasst sowohl die erstrebte Selbst- als auch die **Drittzueignung**. Drittzueignungsabsicht setzt voraus, dass der Täter die Sachherrschaft eines Dritten selbst begründen will. Der Täter muss also neben dem ohnehin erforderlichen Enteignungsvorsatz Drittaneignungsabsicht aufweisen. 273

Bsp.: *T nimmt O`s Fahrrad weg, um es sogleich wie besprochen X zu überlassen.*

bb) Rechtswidrigkeit der Zueignung 274

Die beabsichtigte Zueignung muss **objektiv rechtswidrig** sein. Die Rechtswidrigkeit der Zueignung ist nach h.M. ein normatives Tatbestandsmerkmal und nicht etwa allgemeines Verbrechensmerkmal.

Def.: „kein fälliger einredefreier Anspruch“

Rechtswidrig ist die erstrebte Zueignung, wenn der Täter keinen fälligen und einredefreien Anspruch auf die weggenommene Sache hat.

Bsp.: *O hat T seine letzte Original-Beatles-CD verkauft. Kurz bevor T diese bei O abholen möchte, versteckt O diese vor ihm, weil er doch noch sehr an dem Einzelstück hängt. T ist anfangs sehr erbost. Er lässt sich aber nichts anmerken. In einem unbeobachteten Moment sucht T die CD, findet sie in einer Schublade und lässt sie schließlich „mitgehen“.*

T hat gegen O einen vertraglichen Anspruch auf Übereignung der CD aus § 433 I BGB. Dementsprechend hatte T nicht die Absicht, sich die CD „rechtswidrig“ zuzueignen. T ist nicht wegen eines Diebstahls strafbar.

Problematisch kann die Auslegung der Rechtswidrigkeit der Zueignung bei **Gattungsschulden** werden. 275

> ***Bsp.:*** *O schuldet T 100 €. Nachdem O mal wieder seine Schulden nicht beglichen hat, greift T in einem unbeobachteten Moment in O`s Brieftasche und entwendet zwei 50 € - Scheine.*

Unzweifelhaft hat T gegen O einen fälligen und nicht einredebehafteten Anspruch auf Rückgabe von 100 €. Fraglich ist aber, ob T auch einen Anspruch auf die *konkreten* 50 € - Scheine hat.

Die Rechtsprechung verneint diese Frage, da es sich bei Geldschulden um Gattungsschulden i.S.d § 243 BGB handele, für die ein **Aussonderungsrecht** des Schuldners charakteristisch ist. Indem T sich über das Auswahlrecht des O hinweggesetzt und sich einfach zwei beliebige 50 € - Scheine genommen hat, bleibt die Zueignung danach objektiv rechtswidrig.

„Wertsummentheorie“

Nach der teilweise in der Literatur **vertretenen „Wertsummentheorie“** kann bei Geld nicht zwischen „Sachen von mittlerer Art und Güte“ (§ 243 I BGB) unterschieden werden. Deshalb komme es ausschließlich darauf an, ob der Täter einen Anspruch auf die Wertsumme habe. Hiernach würde eine Strafbarkeit gemäß § 242 I bereits an der Rechtswidrigkeit der Zueignung scheitern. 276

hemmer-Methode: In der Klausur sind beide Ansichten gut vertretbar. Wichtig ist vor allem, dass Sie das Problem erkennen und diskutieren. Auch wenn Sie der Rechtsprechung folgen, kann eine Strafbarkeit wegen § 242 I verneint werden. Zum einen ließe sich argumentieren, dass T aus Laiensicht ohne entsprechenden Vorsatz gehandelt habe, sich „rechtswidrig“ zu bereichern. Zum anderen kann ein für einen juristischen Laien unvermeidbarer Verbotsirrtum nach § 17 S. 1 angenommen werden. Wenn Sie demnach sowohl nach der Rechtsprechung als auch nach der Wertsummentheorie zur Straflosigkeit gelangen, kann der Meinungsstreit auch dahingestellt bleiben.

Die Zueignung muss **subjektiv rechtswidrig** sein, d.h. das Merkmal der Rechtswidrigkeit muss vom **Vorsatz** des Täters umfasst sein. 277

Irrtümer

An diesem Prüfungspunkt werden gerne Irrtumsfragen eingebaut, die im Folgenden kurz erläutert werden.

> ***Bsp. 1:*** *T entwendet bei O einen gebrauchten Pkw in der irrigen Annahme, dass es sich dabei um denjenigen Pkw handelt, den er wenige Tage zuvor bei O gekauft hat.*

Tatbestandsirrtum

Nach objektiver Sachlage hat T keinen Anspruch auf Übereignung des weggenommenen Pkws. Im Zeitpunkt der Vornahme der Tathandlung geht er aber vom Vorliegen eines solchen in Bezug auf den konkreten gebrauchten Wagen (Stückschuld!) aus. T befindet sich daher in einem **Tatbestandsirrtum** (über die Rechtswidrigkeit der Zueignung) gemäß § 16 I S. 1, der zum Vorsatzausschluss führt. T hat keinen Diebstahl begangen.

Umgekehrter Tatbestandsirrtum

Bsp. 2: *T entwendet O einen gebrauchten Pkw. In der abendlichen Dämmerung verkennt er jedoch, dass es sich dabei um das Fahrzeug handelt, das er wenige Tage zuvor bei O gekauft hat, ihm aber noch nicht übereignet wurde.*

Beispiel 2 betrifft im Vergleich zu Beispiel 1 genau den umgekehrten Fall. Objektiv hat T einen Anspruch auf das konkrete Fahrzeug. Die Zueignungsabsicht war folglich nicht objektiv rechtswidrig. Eine Strafbarkeit wegen vollendeten Diebstahls scheidet aus. Jedoch ging T gerade davon aus, dass er keinen Anspruch auf das konkrete Fahrzeug hat. Damit ging er von einem Sachverhalt aus, bei dem er sich wegen Diebstahls strafbar gemacht hätte. T ist damit wegen eines versuchten Diebstahls gemäß §§ 242 I, II, 22, 23 I strafbar (sog. **umgekehrter Tatbestandsirrtum = untauglicher Versuch**).

278

III. Diebstahl und AT-Probleme

Signifikant für den Tatbestand des Diebstahls ist das neben dem Vorsatz stehende subjektive Element der Zueignungsabsicht. Bei solchen Delikten mit überschießender Innentendenz kann sich in Klausuren die klassische Streitfrage stellen, ob mittelbare Täterschaft i.S.d. § 25 I Alt. 2 auch bei Einsatz eines **„absichtslos dolosen Werkzeugs"** in Betracht kommt.

Bsp.: *T bittet den W, ihm das Buch des O mitzubringen. Er erklärt ihm, dass er es nur lesen wolle und dann wieder zurückgeben werde. W bringt ihm das Buch. T liest das Buch und behält es. Dies hatte er von Anfang an so geplant.*

W hat durch die bewusste Mitnahme des Buches vorsätzlich eine fremde bewegliche Sache weggenommen. Allerdings muss er auch in der Absicht rechtswidriger Zueignung gehandelt haben. Insbesondere erscheint fraglich, ob er den notwendigen Enteignungsvorsatz aufweist. W rechnete vorliegend nicht mit der Möglichkeit der dauerhaften Verdrängung der Herrschaftsposition des Eigentümers O, so dass W im Hinblick auf eine Enteignung des Berechtigten O nicht einmal mit dolus eventualis handelte.

W befand sich vielmehr in dem guten Glauben, dass sich T das Buch lediglich ausleiht. Aufgrund dieser Erwägungen hatte W weder Selbst- noch Drittzueignungsabsicht und kann deshalb nicht nach § 242 I bestraft werden.

hemmer-Methode: Prüfen Sie an dieser Stelle stets sorgfältig, ob nicht eine **Drittzueignungsabsicht** des Vordermanns gegeben ist. Dazu folgendes Beispiel: T bittet W, den Gartenzwerg des Nachbarn zu entwenden. W selbst hat an der Skulptur keinerlei Interesse. Er kommt der Bitte des T jedoch aus Gefälligkeit gerne nach. Hier hat W die Absicht rechtswidriger Drittzueignung und wird je nach Sachlage als Mittäter oder als Alleintäter nach § 242 I bestraft. Der Streit um die mittelbare Täterschaft kommt dann nicht zum Tragen.

Zu prüfen ist ferner, ob sich T wegen eines Diebstahls in mittelbarer Täterschaft gemäß §§ 242 I, 25 I Alt. 2 strafbar gemacht hat.

Problem: Tatherrschaft?

Damit stellt sich nun die umstrittene Frage, ob der Hintermann (T) **Tatherrschaft** über einen „absichtslos-dolos" Handelnden (W) haben kann, d.h. die Tat in solchen Konstellationen überhaupt „durch einen anderen" im Sinne des § 25 I Alt. 2 begangen wurde.

Anmerkung: Mit „absichtslos-dolos" Handelnden sind Personen gemeint, die zwar vorsätzlich einen bestimmten Straftatbestand erfüllen, aber nicht die dort geforderte spezifische Absicht aufweisen.

Teile der Literatur: Tatherrschaft (-)

Teile des Schrifttums verneinen in diesen Fällen das Tatherrschaftskriterium und begründen ihre Ansicht vor allem mit dem Argument, dass das bloße Fehlen einer Absichtskomponente noch keinen Mangel an der faktisch zu verstehenden **Tatherrschaft** begründe. Entsprechend könne auch der veranlassende Hintermann, der die vorausgesetzte Absicht in seiner Person aufweist, keine eigene **Herrschaftsposition** herstellen. Hiernach kann T nur als Anstifter bestraft werden, §§ 242 I, 26. 279

H.L.: (Normative) Tatherrschaft (+)

Die von der h.M. vertretene **Lehre von der normativen Tatherrschaft** bejaht indessen die Möglichkeit einer mittelbaren Täterschaft. Dafür wird vorgebracht, dass der absichtslos Handelnde von dem Tatveranlasser wenigstens **rechtlich beherrscht** werde. Ein solch normatives Verständnis des Tatherrschaftsbegriffs überzeugt. Nach vorzugswürdiger Auffassung ist T daher wegen Diebstahls in mittelbarer Täterschaft gemäß §§ 242 I, 25 I Alt. 2 strafbar. 280

Anmerkung: Dieser Meinungsstreit kann bei **allen** Delikten mit überschießender Innentendenz (z.B. §§ 249, 263) relevant werden. Beachten Sie darüber hinaus, dass **§ 28** für tatbestandlich vorausgesetzte spezifische Absichten (z.B. Zueignungsabsicht, Bereicherungsabsicht) **nicht** gilt, da es sich dabei nicht um besondere persönliche Merkmale im Sinne dieser Vorschrift handelt.

281

C. Besonders schwerer Fall des Diebstahls, § 243

Regelbeispieltechnik

§ 243 normiert den besonders schweren Fall des Diebstahls. Die Vorschrift ist als **Strafzumessungsregel** konstruiert. Hierbei bedient sich das Gesetz der Regelbeispieltechnik, d.h. die Einschlägigkeit der Nummern des § 243 I S. 2 liefert ein **Indiz** für das Vorliegen eines besonders schweren Falls.

Kein zwingender Charakter

Die Indizwirkung der Regelbeispiele hat zweierlei zur Konsequenz: Zum einen kann trotz Bejahung eines der aufgelisteten Regelbeispiele aufgrund einer Gesamtwürdigung der Tatumstände ein besonders schwerer Fall verneint werden.

Zum anderen kann ein „unbenannter" besonders schwerer Fall bejaht werden, wenn wegen der außergewöhnlichen Tatsituation die Anwendung des erhöhten Strafmaßes geboten erscheint, obwohl kein Fall des § 243 I S. 2 Nr. 1 – 7 vorliegt.

Im Gegensatz zu Qualifikationstatbeständen (vgl. z.B. §§ 244, 244a) sind Regelbeispiele also **nicht abschließend und nicht zwingend**.

Verfassungsrechtliche Problematik

Anmerkung: Im Schrifttum wird die Regelbeispieltechnik vereinzelt stark kritisiert. Zuzugeben ist jedenfalls, dass der nicht zwingende Charakter der Strafzumessungsvorschrift mit dem nullum-crimen-Satz (Art. 103 II GG) und dem dort verankerten **Bestimmtheitsgebot** in Konflikt gerät, wenn die Verurteilung wegen eines besonders schweren Falles aufgrund eines unbenannten Falles möglich ist. Andererseits kann so jeder Einzelfall flexibel gehandhabt werden. Wohl auch wegen dieser verfassungsrechtlichen Bedenken wird in der Praxis kaum von der Möglichkeit der Annahme eines unbenannten Falles Gebrauch gemacht. In der Klausur brauchen Sie sich mit dieser Problematik nicht auseinanderzusetzen. Dort geht es regelmäßig nur um die saubere Subsumtion der einzelnen Merkmale. Ist § 243 I S. 2 nach Ihren Überlegungen erfüllt, können Sie im Ergebnis eine Strafbarkeit wegen Diebstahls in einem besonders schweren Fall feststellen. 282

Im Prüfungsaufbau sind Strafzumessungsregeln **nach der Schuld** zu prüfen. Zur Orientierung dient das folgende Schema:

I. Prüfungsschema §§ 242, 243 283

I. Tatbestand

1. Objektiver Tatbestand des § 242

2. Subjektiver Tatbestand des § 242

II. Rechtswidrigkeit

III. Schuld

IV. Strafzumessungsregel des § 243

1. Objektive Regelbeispiele, § 243 I S. 2 Nr. 1, 2 sowie Nr. 4-7; Vorsatz diesbezüglich, § 15 I S. 1 analog

2. Subjektives Regelbeispiel, § 243 I S. 2 Nr. 3 (Gewerbsmäßigkeit)

3. Kein Ausschluss nach § 243 II in den Fällen Nr. 1-6

II. Die Regelbeispiele im Einzelnen 284

Nachstehend werden lediglich die Merkmale des § 243 I S. 2 mit erhöhter Prüfungsrelevanz besprochen.

Die Handhabung der hier vernachlässigten Regelbeispiele bereitet darüber hinaus keine größeren Schwierigkeiten, so dass auf eine Darstellung verzichtet werden kann.

§ 243 I S. 2 Nr. 1

Interessant ist insbesondere § 243 I S. 2 Nr. 1.

Def.: „Umschlossener Raum“

Oberbegriff der durch § 243 I S. 2 Nr. 1 geschützten Orte ist 285
der **umschlossene Raum**. Dieser wird definiert als Raumgebilde, das dazu bestimmt ist, von Menschen betreten zu werden und das durch zumindest teilweise künstliche Vorrichtungen Unbefugte am Betreten hindern soll.

> ***Bsp.:*** *Autos, abgeschlossene Keller, eingezäunte Grundstücke*

Def.: „Gebäude“

Gesetzliches Beispiel für einen umschlossenen Raum ist 286
das **Gebäude**, also ein mit dem Erdboden fest verbundenes Bauwerk, das durch Dach und Boden begrenzt ist. Für die feste Verbindung reicht es aus, dass dies durch die eigene Schwere erreicht wird.

> ***Bsp.:*** *Zirkuszelt*

Anmerkung: Handelt es sich bei dem in Rede stehenden Gebäude um eine Wohnung, so erübrigt sich ein näheres Eingehen auf § 243 I S. 2 Nr. 1, da dann zugleich der speziellere Qualifikationstatbestand gemäß **§ 244 I Nr. 3** („Wohnungseinbruchsdiebstahl") verwirklicht ist.

§ 243 I S. 2 Nr. 1 beinhaltet insgesamt vier Tatmodalitäten.

Def.: „Einbrechen"

Unter **Einbrechen** ist die gewaltsame Aufhebung der Umschließung des Raumes von außen zu verstehen. Der Täter muss nicht unbedingt in den Raum hineingelangen, es reicht aus, wenn er hineingreift. 287

Bsp.: *T bricht den Golf eines Bekannten auf und „angelt" sich mit einem Draht den auf dem Beifahrersitz liegenden MP3-Player.*

Def.: „Einsteigen"

Um das Merkmal **Einsteigen** zu erfüllen, muss der Täter den Raum auf nicht ordnungsgemäße Weise betreten und hierbei Hindernisse überwinden. Hierbei muss er einen festen Stützpunkt im Raum erreichen, das bloße Hineinlangen reicht nicht aus. 288

Bsp.: *T gelangt in das Bürogebäude des O, indem er die die hohe Umzäunung des Geländes überwindet.*

Def.: „Eindringen"

Das **Eindringen mittels eines falschen Schlüssels** oder **anderer, nicht zur ordnungsgemäßen Öffnung bestimmter Werkzeuge** (z.B. ein „Dietrich") zeichnet sich dadurch aus, dass ein Verschluss mit einem Instrument geöffnet wird, das hierzu nicht gedacht ist. Falsch ist ein Schlüssel, wenn er vom Berechtigten nicht (mehr) zur Öffnung bestimmt ist. 289

Bsp.: *T lässt den Schlüssel des O nachfertigen und dringt in dessen Geschäftsräume ein.*

Hat der Berechtigte den Schlüssel nur verloren, wird der Schlüssel falsch, wenn er diesen in **nach außen erkennbarer** Weise (konkludent oder ausdrücklich) **entwidmet**.

Def.: „Sich verborgen halten"

Ein Täter **hält sich verborgen**, wenn er sich in der Räumlichkeit versteckt. Ohne Bedeutung ist es, ob er sich ursprünglich berechtigt in dem Raum aufgehalten hat oder nicht. 290

Bsp.: *Während der Öffnungszeiten versteckt sich T in einem Möbelkaufhaus unter einem großen Bett. Nach Ladenschluss „bedient" er sich an dem Möbelsortiment und verlässt das Geschäft wieder.*

„Zur Ausführung der Tat“

Die in § 243 I S. 2 Nr. 1 gewählte Formulierung **„zur Ausführung der Tat“** unterstreicht, dass der Täter bereits **während** des Einbrechens etc. den Vorsatz zur Diebstahlsbegehung gefasst haben muss. Sofern der Täter diesen Entschluss erst nach der Verwirklichung des Regelbeispiels fasst, liegt kein besonders schwerer Fall des Diebstahls, sondern lediglich § 242 I vor (ggf. in Tateinheit mit einer Sachbeschädigung, § 303). *291*

§ 243 I S. 2 Nr. 2

Klausurrelevant ist auch die Vorschrift des § 243 I S. 2 Nr. 2.

Def.: „Behältnis“

Unter einem **Behältnis** ist ein zur Aufnahme von Sachen dienendes Raumgebilde zu verstehen, das **nicht** dazu bestimmt ist, von Menschen betreten zu werden. Das Behältnis muss verschlossen sein. *292*

hemmer-Methode: Erkennen Sie den entscheidenden Unterschied zwischen Nr. 1 und Nr. 2: Der umschlossene Raum muss im Gegensatz zu dem verschlossenen Behältnis gerade von Menschen betreten werden können.

> ***Bsp.:*** *T öffnet gewaltsam das verschlossene Schmuckdöschen seiner Oma und entwendet eine kostbare Goldkette.*

Def.: „Andere Schutzvorrichtung“

Neben Behältnissen kommen auch **andere Schutzvorrichtungen** und damit alle Einrichtungen in Betracht, die dazu geeignet und bestimmt sind, die Wegnahme einer Sache erheblich zu erschweren. *293*

> ***Bsp.:*** *Fahrradschloss, Stahlkette*

Def.: „Gegen Wegnahme besonders gesichert“

Die Sache muss **gegen Wegnahme besonders gesichert** sein. Dies ist zum Beispiel nicht der Fall, wenn die Vorrichtung nur vor Verlust oder dem Auseinanderfallen der Sache schützen soll. *294*

Zuletzt bleibt noch § 243 I S. 2 Nr. 3 zu erwähnen, der an einen gewerbsmäßigen Diebstahl das Indiz eines besonders schweren Falles knüpft.

§ 243 I S. 2 Nr. 3

Gewerbsmäßiger Diebstahl bedeutet, dass der Täter mit der Absicht handelt, wiederholt zu stehlen, um sich eine nicht nur vorübergehende Erwerbsquelle zu schaffen. Die erste Tatbegehung ist dafür ausreichend, sofern eine entsprechende Intention nachgewiesen werden kann. *295*

Anmerkung: Die Gewerbsmäßigkeit ist ein täterbezogenes Merkmal, so dass nach h.M. § 28 II analog angewandt wird.[7] Im Falle der Beteiligung kann es daher zu einer Tatbestandsverschiebung zugunsten des Teilnehmers kommen.

Vorsatzerfordernis

In subjektiver Hinsicht ist besonders bedeutsam, dass – trotz der Verortung der Strafzumessungsregel im Prüfungsaufbau nach der Schuld – das Regelbeispiel vom **Vorsatz** des Täters erfasst sein muss. Nach allgemeiner Ansicht gelten hier die §§ 15, 16 I S. 1 analog. 296

Ausschluss nach § 243 II

Ferner ist ein besonders schwerer Fall ausgeschlossen, wenn sich die Tat auf eine **geringwertige Sache** bezieht, § 243 II. Dies gilt allerdings ausdrücklich nur für Regelbeispiele Nr. 1 bis 6. Zu beachten ist, dass dieser Ausschluss ohne Ausnahme greift und gerade **nicht** im Ermessen des Richters liegt. 297

Geringwertige Sache

Zur Bestimmung, ob eine Sache als geringwertig angesehen werden kann, ist zunächst vom Verkehrswert auszugehen. Folglich ist eine Sache geringwertig, wenn ihr Geldwert **25 €** nicht übersteigt. Allerdings sind Sachen, die keinen Verkehrswert haben, damit nicht per se geringwertig. Denn das Opfer kann ein nachvollziehbares besonderes Interesse an der Sache haben, so dass insoweit gar nicht auf den wirtschaftlichen Wert abzustellen ist. In diesen Fällen verbietet sich eine Anwendung des § 243 II, so dass weiterhin wegen §§ 242 I, 243 I S. 2 bestraft werden kann. 298

***Beispiele:** Ausweise, ec-Karte, Vereinsmitgliedskarte*

Irrtum

§ 243 II kommt außerdem lediglich dann zur Anwendung, wenn die Sache **objektiv** geringwertig ist und auch der Täter nach seiner **Vorstellung** von einer solchen Geringwertigkeit ausgeht. Das wird aus der Formulierung gefolgert, dass sich die Tat auf eine geringwertige Sache **„beziehen“** muss. Geht der Täter also davon aus, eine wertvolle Sache zu stehlen, die objektiv aber als geringwertig einzustufen ist, bleibt der Täter nach §§ 242 I, 243 I S. 2 strafbar. 299

[7] Analog deshalb, weil es sich bei § 243 nicht um einen Tatbestand, sondern um eine bloße Strafzumessungsvorschrift handelt, s.o.

III. § 243 und AT-Probleme 300

Mit Blick auf den Allgemeinen Teil des StGB kann vor allem die Kombination aus Regelbeispiel und Versuch Schwierigkeiten bereiten.

Dabei müssen grundsätzlich drei Konstellationen voneinander unterschieden werden:

Fall 1: Versuchtes Grunddelikt – vollendetes Regelbeispiel

Die am wenigsten problematische Variante betrifft Fälle, in denen der Grundtatbestand des Diebstahls nur versucht wird, das Regelbeispiel jedoch voll verwirklicht ist. Nach einhelliger Auffassung kann dann wegen versuchten Diebstahls in einem besonders schweren Fall gemäß §§ 242 I, II, 22, 23 I, 12 II i.V.m. 243 I S. 2 bestraft werden. 301

> ***Bsp.:*** *T bricht einen Pkw auf. Noch bevor die Wegnahme der auf dem Rücksitz platzierten Handtasche gelingt, wird er von der Polizei überwältigt.*

Fall 2: Versuchtes Grunddelikt – versuchtes Regelbeispiel

In der zweiten Konstellation stellt sich die intensiv diskutierte Frage, ob ein versuchter Diebstahl in einem besonders schweren Fall auch dann zu bejahen ist, wenn sowohl das Grunddelikt als auch das Regelbeispiel nur „versucht" sind. 302

> ***Bsp.:*** *T ist gerade im Begriff, einen Pkw aufzubrechen, um die auf dem Armaturenbrett abgelegte Armbanduhr zu stehlen, als er von der Polizei ergriffen wird.*

> Nach BGHSt 33, 370-377 ist auch hier eine Bestrafung wegen versuchten Diebstahls in einem besonders schweren Fall möglich, weil § 243 „tatbestandsähnlich" sei, der Versuch des Regelbeispiels mithin die Indizwirkung auslöse.

> Dagegen bringt die h.L. vor, dass ausweislich des eindeutigen Wortlauts des § 22 strafrechtlich nur bei einem unmittelbaren Ansetzen zur ***Tatbestands***verwirklichung eine Versuchsstrafbarkeit in Betracht komme. § 243 ist aber gerade kein Straftatbestand, sondern eine Strafzumessungsregel. Außerdem erscheine die Annahme, dass bereits der bloße Wille zur Verwirklichung eines Regelbeispiels die Indizwirkung auslösen soll, zweifelhaft. Denn § 243 setze **objektiv** ein Einbrechen voraus. Nach vorzugswürdiger Auffassung hat sich T somit (lediglich) wegen eines versuchten Diebstahls gemäß §§ 242 I, II 22, 23 I in Tateinheit mit versuchter Sachbeschädigung gemäß §§ 303 I, II, 22, 23 I strafbar gemacht.

Fall 3: Grunddelikt vollendet – Regelbeispiel versucht

Für die dritte denkbare Konstellation, nämlich dass das 303
Grunddelikt vollendet wird, die Verwirklichung des Regelbeispiels aber im Versuchsstadium stecken bleibt, kommen die h.L. und der BGH wiederum zu demselben Ergebnis (vgl. BGH, z.B. NStZ-RR 1997, 293 ff.).

> **Bsp.:** *T will einen Pkw aufbrechen, um eine Handtasche zu stehlen. Als er einen Hebel am Türschloss ansetzt, bemerkt er, dass die Fahrertür gar nicht verschlossen ist. Er schnappt sich die Tasche und verschwindet.*
>
> Der Täter begeht hier nach BGH und h.L. nur einen einfachen Diebstahl, der in Idealkonkurrenz (§ 52) zu einer versuchten Sachbeschädigung tritt.

Anmerkung: Dem BGH ist zuzugeben, dass auch nach seiner Auffassung ein Versuch des Regelbeispiels nicht möglich ist. Bei vollendetem Grunddelikt ist die Tat insgesamt vollendet, so dass der bloße Wille zur Verwirklichung des § 243 StGB nicht ausreichend ist, um zu einer Strafschärfung zu gelangen. Ist der Grundtatbestand hingegen im Versuch stecken geblieben, ist die Tat insgesamt „nur" versucht. Dann erscheint es dogmatisch vertretbar, auch den bloßen Willen zur Verwirklichung des Regelbeispiels für eine Strafschärfung innerhalb der versuchten Tat ausreichen zu lassen (vgl. BGH, NStZ 2011, 167-168 = Life&Law 2011, Heft 5, 323-329).

<u>Regelbeispiel und Versuch nach h.M.</u>

Grunddelikt	Regelbeispiel		Strafbarkeit
versucht	vollendet	⟹	§§ 242, 22 i.V.m. § 243
versucht	„versucht"	⟹	§§ 242, 22 (anders BGH!), 303, 22
vollendet	„versucht"	⟹	§ 242

D. Qualifikationen, §§ 244, 244a 304

Die §§ 244, 244a enthalten **Qualifikationstatbestände** zu § 242. Erschwerungsgrund bildet die jeweils besonders gefährliche Begehungsweise. Erfasst werden der Diebstahl mit Waffen, der Bandendiebstahl, der Wohnungseinbruchdiebstahl (§ 244) und der schwere Bandendiebstahl (§ 244a).

I. Prüfungsschema, § 244 I und § 244a I 305

I. Grundtatbestand, § 242 (Tatbestand, RW, Schuld)

II. Qualifikationstatbestand, § 244 oder § 244a

1. Objektiver Tatbestand:

⇨ Begehungsvarianten § 244 I Nr. 1 – 3 **und/oder**

⇨ Begehungsalternativen des § 244a I

2. Subjektiver Tatbestand: Vorsatz und zusätzlich Verwendungsabsicht bei § 244 I Nr. 1b

III. Rechtswidrigkeit

IV. Schuld

II. Die einzelnen Tatbestandsmerkmale 306

§ 244 I

Der einfache Diebstahl ist nach § 244 I Nr. 1–3 in drei Fällen qualifiziert.

§ 244 I Nr. 1

Der **Diebstahl mit Waffen** erfordert, dass der Täter oder ein anderer Beteiligter bei der Begehung eines Diebstahls eine Waffe oder ein anderes gefährliches Werkzeug bei sich führt (§ 244 I Nr. 1a) oder sonst ein Werkzeug oder Mittel bei sich führt, um den Widerstand einer anderen Person durch Gewalt oder Drohung mit Gewalt zu verhindern oder zu überwinden (§ 244 I Nr. 1b). 307

Def.: „Waffe“

Waffe ist grundsätzlich im technischen Sinn zu verstehen, also im Sinne des WaffenG. Hierunter fallen Schuss-, Hieb-, Stoß- und Stichwaffen. Eine Waffe i.S.d. § 244 I Nr. 1a liegt aber nur vor, wenn sie im Zeitpunkt der Tat auch tatsächlich **einsatzfähig** ist. Daran fehlt es insbesondere bei dem Mitsichführen eines ungeladenen Revolvers. Unter Umständen kann damit aber § 244 I Nr. 1b erfüllt sein. 308

Def.: „Gefährliches Werkzeug“

Ein gefährliches Werkzeug gemäß § 244 I Nr. 1a ist nach vorzugswürdiger Auffassung nur ein solcher Gegenstand, der nach seiner **objektiven Beschaffenheit** geeignet ist, erhebliche Verletzungen herbeizuführen (sog. „Waffenähnlichkeit“; nach anderer Auffassung ist subjektiv danach zu differenzieren, ob sich ein sog. „Verwendungsvorbehalt“ des Täters nachweisen lässt). Auf die konkrete Art der Verwendung kommt es also – anders als bei der Auslegung des § 224 I Nr. 2 (vgl. dazu oben, Rn. 124) – gerade nicht an. 309

Das Abstellen auf objektive Kriterien lässt sich mit Blick auf den Strafgrund des § 244 I Nr. 1a erklären, der alleine in dem Beisichführen eines gefährlichen Gegenstandes, dem eine generelle Gefährlichkeit beizumessen ist, zu erblicken ist. Daher erscheint es am überzeugendsten, i.R.v. § 244 I Nr. 1a nur auf die abstrakte Gefährlichkeit des Werkzeugs abzuheben, d.h. darauf, ob aus der Sicht eines objektiven Beobachters in dem konkreten situativen Kontext der Verdacht nahe liegt, dass der Gegenstand zum Einsatz gegen Menschen bestimmt ist und insoweit erhebliche Verletzungen verursachen kann.

Somit kommt § 244 I Nr. 1a im folgenden Fall nicht zur Anwendung:

> **Bsp.:** *T führt während eines Diebstahls einen spitzen Kugelschreiber mit sich.*

Def.: „Bei-sich-führen“

Ein **Bei-sich-führen** setzt voraus, dass der Täter oder ein anderer Beteiligter (d.h. z.B. auch ein Gehilfe!) die Waffe oder das gefährliche Werkzeug zu **irgendeinem Zeitpunkt** zwischen Versuchsbeginn und Vollendung des Diebstahls mit sich geführt hat. Der Beteiligte muss das gefährliche Werkzeug nicht in den Händen halten. 310

Es genügt, wenn dieses zu jeder Zeit ohne nennenswerten Aufwand gebraucht werden kann.

> **Bsp.:** *Der Gehilfe G des T führt in seiner Hosentasche eine geladene Pistole mit sich. Nachdem T das Diebesgut eingesteckt hat, merkt G, dass er die Waffe bei der Flucht verloren hat.*
>
> T wird hier wegen Diebstahls mit Waffen nach § 244 I Nr. 1a bestraft. Die Tatsache, dass nur der Gehilfe G die Waffe bei sich geführt hat und diese vor materieller Beendigung der Tat wieder verloren hat, entlastet ihn nicht.

§ 244 I Nr. 1b

Im Rahmen des § 244 I Nr. 1b genügt das von einer Verwendungsabsicht getragene Beisichführen eines **sonstigen Werkzeugs oder Mittels**. Auf eine objektive Gefährlichkeit des Tatmittels kommt es dabei nicht mehr an. Entscheidend ist vielmehr, dass es sich um einen Gegenstand handelt, der **nach der vom Täter vorgesehenen Verwendung** zur Herbeiführung erheblicher Verletzungen geeignet ist. 311

Der Anwendungsbereich der Qualifikation wird daher gegenüber der Variante des § 244 I Nr. 1a gleich in zwei Richtungen ausgeweitet.

Erstens werden auch solche Werkzeuge erfasst, die nach ihrer objektiven Beschaffenheit nicht gefährlich sind.

Bsp.: *Kabel, Klebeband, Handschellen*

Scheinwaffen

Zweitens stellt eine sog. **„Scheinwaffe"** ebenfalls ein taugliches qualifizierendes Tatmittel dar. 312

Bsp.: *Spielzeugwaffen, Bombenattrappen*

Anmerkung: Die Scheinwaffenproblematik ist seit jeher ein Klausurklassiker, die sich in gleicher Weise auch bei § 250 (dazu unten, Rn. 400) stellen kann. Beachten Sie hierbei stets, dass in besonders gelagerten Fällen eine **teleologische Reduktion** des Auffangtatbestands § 244 I Nr. 1b notwendig werden kann. Die Rechtsprechung hat eine derartige Tatbestandsbeschränkung jedenfalls in einer Konstellation angenommen, in der der Täter ein Holzstück in seiner umschlossenen Hand hielt, um damit den Eindruck entstehen zu lassen, er trage eine Schusswaffe bei sich. Solange also ein Gegenstand verwendet wird, der nach seinem **äußeren Erscheinungsbild** offensichtlich ungefährlich ist und deshalb nicht mehr die Drohung, sondern das Täuschungselement im Vordergrund steht, ist § 244 I Nr. 1b zu verneinen.

Subjektiver Tatbestand: Vorsatz + Verwendungsabsicht

Neben dem Vorsatz ist auf subjektiver Tatbestandsseite außerdem noch eine besondere **Verwendungsabsicht** (dolus directus 1. Grades) des Täters erforderlich. 313

Der Täter muss folglich gerade das Tatmittel i.S.d. § 244 I Nr. 1b bei sich führen, um den Widerstand einer anderen Person durch Gewalt oder Drohung mit Gewalt zu verhindern oder zu überwinden.

§ 244 I Nr. 2

In § 244 I Nr. 2 ist der **Bandendiebstahl** geregelt. 314

Strafgrund ist die mit einer Bandengründung einhergehende **Organisationsgefahr** (Arbeitsteilung, Ausbildung krimineller Organisationsstrukturen, etc.).

Def.: „Bande"

Nach h.M. liegt eine **Bande** vor, wenn sich mindestens **drei** Personen zur Begehung künftiger, im Einzelnen aber noch ungewisser Straftaten (hier Raub oder Diebstahl) ausdrücklich oder stillschweigend zusammengeschlossen haben. Es reicht aus, wenn es sich um eine lose Verbindung handelt. 315

Mitwirkungserfordernis

Voraussetzung für eine Strafbarkeit nach § 244 I Nr. 2 ist ferner, dass ein Mitglied der Bande den Diebstahl unter **Mitwirkung eines anderen Mitglieds** begeht. 316

Nach der Rechtsprechung des BGH gilt Folgendes:

- **Drei Personen** müssen übereingekommen sein, gemeinsam bestimmte Taten arbeitsteilig durchzuführen (sog. „Bandenabrede"). Nur dann kann von einer „Bande" die Rede sein.
- **Zwei Personen** der Bande müssen bei der konkreten Tat mitgewirkt haben (vgl. das Mitwirkungserfordernis).
- **Eine Person** muss als Täter gehandelt haben. Für die Mitwirkung eines anderen Bandenmitglieds genügt auch eine bloße Beihilfehandlung.
- **Kein Bandenmitglied** muss im Extremfall vor Ort sein. Denn Grund der Strafschärfung ist nicht, dass das Opfer sich mehreren Bandenmitgliedern gegenüber sieht. Strafgrund ist vielmehr, dass mehrere organisiert vorgehen und damit eine besondere Gefährlichkeit aufweisen (sog. „Organisationsgefahr"). Deshalb ist es auch möglich, dass bandenfremde Personen bei der einzelnen Tat vor Ort handeln.

Anmerkung: Für das Merkmal der Bande gilt **§ 28 II**. Folglich kann der Teilnehmer (z.B. Gehilfe) im letztgenannten Fall nicht gemäß §§ 244 I Nr. 2, 27 I bestraft werden, sondern ausschließlich nach §§ 242 I, 27 I.

§ 244 I Nr. 3

Einen weiteren Qualifikationstatbestand stellt der Wohnungseinbruchdiebstahl (§ 244 I Nr. 3) dar.

Def.: „Wohnung"

Der Begriff **Wohnung** ist grundsätzlich ebenso wie bei § 123 zu verstehen (vgl. Rn. 200). Allerdings muss er an manchen Stellen in Hinblick auf die unterschiedlichen Schutzzwecke enger ausgelegt werden. 317

I.R.d. § 244 I Nr. 3 ist Strafgrund die Verletzung der Intimsphäre des Opfers und ein auf den Diebstahl folgendes Schutzlosigkeitsgefühl in der eigenen Wohnung.

Der Einbruch in einen Kellerverschlag eines Wohnblocks genügt demnach nicht, da wegen der räumlichen Abtrennung die Intimsphäre des Opfers nicht verletzt wird. Anders ist es hingegen, wenn der Täter in den Keller eines Einfamilienhauses einbricht, von dem aus ohne weiteres auch die Wohnung über eine Treppe betreten werden kann.

Einbrechen, Einsteigen, usw.

Der Täter muss in die Wohnung **einbrechen**, **einsteigen**, mit einem falschen Schlüssel oder mit einem anderen nicht zur ordnungsgemäßen Öffnung bestimmten Werkzeug in die Wohnung **eindringen** oder sich in dieser **verborgen halten**. 318

Hierfür genügt es nicht, wenn der Täter einfach in die Wohnung hineingelangt, also die Wohnung zum Beispiel durch eine offene Haustür ohne Probleme betreten kann. Ansonsten decken sich die Merkmale mit denen des § 243 I S. 2 Nr. 1 (vgl. Rn. 287 ff.). § 243 I S. 2 Nr. 1 wird regelmäßig von dem Wohnungseinbruchdiebstahl im Wege der Gesetzeskonkurrenz verdrängt. Auch der stets mitverwirklichte Hausfriedensbruch (§ 123) wird von § 244 I Nr. 3 konsumiert.

§ 244a

Der **schwere Bandendiebstahl** gemäß § 244a lässt sich durch genaue Lektüre leicht erfassen, er stellt eine Kombination aus den Regelbeispielen des § 243 I S. 2 bzw. der Tatbestände des § 244 I Nr. 1 und Nr. 3 und dem Bandendiebstahl dar. Zu achten ist hier nur auf eines: Die Verweisung auf § 243 I S. 2 hat zur Folge, dass die dort genannten Regelbeispiele zu „echten“ Tatbestandsmerkmalen der **Qualifikation** werden. Hinsichtlich des Aufbaus gilt das zu § 244 Gesagte entsprechend. 319

Anmerkung: Wenn § 244 I Nr. 2 erfüllt ist, wird auch zumindest § 244a I Alt. 1 erfüllt sein. Denn regelmäßig handeln Bandenmitglieder, um sich eine Einnahmequelle von einigem Gewicht zu verschaffen, also „gewerbsmäßig“ im Sinne des § 243 I S. 2 Nr. 3. Beachten Sie, dass § 243 I S. 2 im Rahmen des § 244a Tatbestandsmerkmal ist und keine bloße Strafzumessungsvorschrift.

§ 7 Betrug 320

A. Überblick 321

Anmerkung: Zur Vertiefung der Problemfelder im Kontext mit § 263 werden die Fälle 25 bis 35 aus Hemmer/Wüst - Die 44 wichtigsten Fälle Strafrecht BT I empfohlen.

Geschütztes Rechtsgut

Der Betrug ist in **§ 263** geregelt. Schutzgut ist das **Vermögen als Ganzes** in seinem wirtschaftlichen Wert.

Anmerkung: Statistisch gesehen spielt der Betrugstatbestand in der strafrechtlichen Praxis eine sehr bedeutende Rolle. Insgesamt wurden auf die Grundlage des § 263 jährlich im Durchschnitt 50.000 bis 60.000 Verurteilungen gestützt. Nicht nur deshalb ist der Betrug auch eine äußerst beliebte Prüfungsmaterie. Es lohnt sich also, sich schon in den ersten Semestern des Studiums verstärkt mit der nicht immer ganz einfachen Struktur des Tatbestands auseinanderzusetzen.

Systematik

Eine **echte Tatbestandsqualifikation** – angelehnt an § 244 I Nr. 2 bzw. § 244a – enthält § 263 V. **Besonders schwere Fälle** des Betrugs sind beispielartig in § 263 III S. 2 Nr. 1 - 5 normiert.

Gegenüber dem Betrug **verselbständigte Vermögensdelikte** stellen die §§ 263a bis 266b dar. Immer stärker in den Fokus der Strafrechtspraxis gerät dabei insbesondere der Tatbestand des Computerbetrugs (§ 263a), der vor allem Strafbarkeitslücken schließen soll, die aus dem Umstand resultieren, dass die Erfüllung des objektiven Tatbestands des § 263 von der Täuschung einer *anderen Person* abhängt.

Im Folgenden werden die Grundkenntnisse zum einfachen Betrug nach § 263 I vermittelt. Das nachstehende Prüfungsschema soll Ihnen den Einstieg erleichtern. Nähere Informationen zu den §§ 263a ff. finden Sie bei Hemmer/Wüst, Strafrecht BT I, Rn. 175 ff.

B. Prüfungsschema, § 263 I 322

I. Tatbestand

1. Objektiver Tatbestand

a) Täuschung über Tatsachen

b) dadurch Irrtumserregung

c) dadurch Vermögensverfügung

d) dadurch Vermögensschaden

2. Subjektiver Tatbestand

a) Vorsatz bezüglich **a)** bis **d)**

b) Absicht, sich oder einem Dritten einen rechtswidrigen Vermögensvorteil zu verschaffen

c) Stoffgleichheit der erstrebten Bereicherung

d) Vorsatz bezüglich Rechtswidrigkeit der erstrebten Bereicherung sowie der Stoffgleichheit

II. Rechtswidrigkeit

III. Schuld

IV. Ggf. Regelbeispiele, § 263 III

C. Die einzelnen Tatbestandsmerkmale 323

Eine Bestrafung aus § 263 I lässt sich nur legitimieren, wenn der Täter in der Absicht der rechtswidrigen Selbst- oder Drittbereicherung eine andere Person mittels Täuschung zu einer irrtumsbedingten Vermögensverfügung, die sich vermögensschädigend auswirken muss, veranlasst hat.

I. Objektiver Tatbestand 324

Objektiv unrechtskonstituierend sind die Merkmale **Täuschung**, **Irrtum**, **Vermögensverfügung** und **Vermögensschaden**. Aus dem Wortlaut des § 263 I („durch") ergibt sich, dass zwischen allen aufgeführten Elementen des äußeren Tatbestands ein unmittelbarer **Kausalzusammenhang** bestehen muss. Grund hierfür ist, dass der Betrug als Selbstschädigungsdelikt konzipiert ist, während der Diebstahl ein Fremdschädigungsdelikt darstellt.

hemmer-Methode: In Klausuren ist der erforderliche Ursachenzusammenhang meist unproblematisch gegeben. Machen Sie bei der Prüfung des § 263 I trotzdem stets deutlich, dass eine solche Kausalbeziehung auch tatsächlich vorliegt.

Dabei bietet sich beispielsweise die Formulierung an, dass **„durch"** die Täuschung ein entsprechender Irrtum beim Opfer entstanden ist bzw. die Vermögensverfügung auf dem Irrtum **„beruht"**.

Objektiver Tatbestand des Betrugs

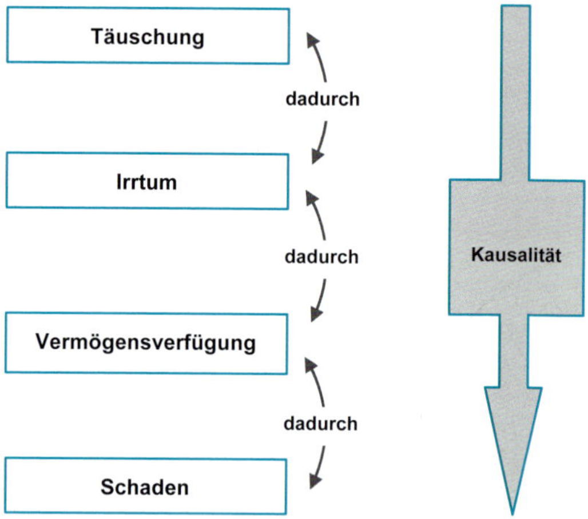

1. Täuschung über Tatsachen 325

Gemäß dem Wortlaut des § 263 I muss durch Vorspiegelung falscher oder durch Entstellung oder Unterdrückung wahrer Tatsachen ein Irrtum erregt oder unterhalten worden sein. Gemeint ist damit, dass der Täter einen anderen Menschen täuschen muss.

Def.: „Täuschung"

Unter **Täuschung** ist jedes Verhalten zu verstehen, das darauf gerichtet ist, bei seinem Gegenüber eine Fehlvorstellung über **Tatsachen** hervorzurufen.

Eine Täuschung ist in **drei Formen** denkbar, nämlich in Gestalt eines ausdrücklichen (1.) oder konkludenten (2.) Einwirkens auf das Vorstellungsbild des Tatopfers oder eines garantenpflichtwidrigen Unterlassens, soweit eine Aufklärungspflicht (§ 13 I) vorliegt (3.).

Ausdrückliche Täuschung

Eine **ausdrückliche Täuschung** ist denkbar durch eine explizit falsche Erklärung, aber auch durch Manipulationen an Gegenständen, sofern diese einen Erklärungswert haben. 326

> ***Bsp.:*** *Bei einem Verkaufsgespräch erklärt T wahrheitswidrig, dass der Wagen unfallfrei sei, oder T legt dem Gericht eine manipulierte Beweisurkunde vor, woraufhin der Prozessgegner 1.000 € Schadensersatz (sog. Prozessbetrug) leisten muss.*

Konkludente Täuschung

Im Falle einer **konkludenten Täuschung** ergibt sich der Täuschungscharakter nicht bereits unmittelbar aus dem Gesagten, sondern erst aus dem unausgesprochenen Teil der Erklärung. 327

Entscheidend ist, welchen äußeren Erklärungswert die allgemeine Verkehrsauffassung dem Täterverhalten in der konkreten Situation beimisst. Der Erklärungswert ist also durch Auslegung zu ermitteln, die sich an **objektiven Kriterien** orientiert.

> ***Bsp.:*** *Bei Hingabe eines Schecks wird konkludent erklärt, dass dieser bei Einlösung gedeckt ist, oder bei Abschluss eines Kaufvertrags wird stillschweigend die eigene Zahlungswillig- und -fähigkeit miterklärt.*

Anmerkung: Instruktiv zur Problematik einer konkludenten Täuschung sind die Fälle des sog. **„Sportwetten-Betrugs"** (vgl. BGH, Beschluss vom 11.03.2014 – 4 StR 479/13 = Life&Law 2015, 100-103 m.w.N.). Dort ging die Rechtsprechung davon aus, dass ein Spielteilnehmer bei Abschluss eines Spielwettvertrags gleichzeitig konkludent erklärt, er habe das Wettrisiko nicht zu seinen Gunsten beeinflusst bzw. kein sicheres Wissen diesbezüglich.

Täuschung durch Unterlassen, § 13

Falls sich jedoch nach der Verkehrsanschauung keine konkludente Täuschung ergibt, kann § 263 unter Umständen auch durch **Unterlassen** verwirklicht werden. Als sog. „unechtes Unterlassensdelikt" müssen dann die weiteren Voraussetzungen des § 13 I vorliegen, insbesondere die Garantenpflicht in Form einer **Aufklärungspflicht**. Eine solche kann auf gesetzlichen Normen basieren (vgl. z.B. § 666 BGB; § 60 SGB I) oder sich aus einem Vertrag ergeben. Sofern die Parteien nicht gerade einen Auskunftsvertrag geschlossen haben, sollte man jedoch mit der Annahme vertraglicher Offenbarungspflichten sehr zurückhaltend sein. 328

> ***Bsp.:*** *Die Kassiererin (K) gibt dem T anstelle der geschuldeten 5 € versehentlich 50 € als Wechselgeld zurück. T steckt das Geld wortlos ein und verabschiedet sich.*

Hier kann nach der Verkehrsanschauung keine Täuschung über die korrekte Höhe des Wechselgeldes durch schlüssiges Verhalten konstruiert werden. Denn allein indem T das Geld wortlos einsteckt und weggeht, erklärt er nicht gleichzeitig, den richtigen Betrag erhalten zu haben. Es käme daher allenfalls eine Täuschung durch Unterlassen in Betracht, falls den T eine Pflicht i.S.d. § 13 I traf, über den Fehlbetrag aufzuklären.

Allein aus dem vorhergehenden Kaufvertrag lässt sich eine derartige Pflicht jedoch nicht ableiten, da es in der Risikosphäre der K liegt, das Restgeld richtig zu zählen. T´s Verhalten bleibt demnach straflos.

Anmerkung: Betrug durch Unterlassen wird nur in besonders gelagerten Fällen (langjährige Vertragsbeziehungen, besonders in Anspruch genommenes Vertrauen usw.) bejaht. Hintergrund dafür ist die **„ultima ratio-Funktion“** des Strafrechts: Es ist nicht dessen Aufgabe, jeden zivilrechtlichen Vertragsbruch zu sanktionieren.

Täuschungsgegenstand: nur innere/äußere Tatsachen

Gegenstand einer Täuschung können nur **Tatsachen** sein. 329
Darunter sind äußere Vorgänge oder Zustände der Gegenwart oder der Vergangenheit zu verstehen, welche dem Beweis zugänglich sind. Abzugrenzen sind Tatsachen von Werturteilen, also solchen Äußerungen, die geprägt sind durch subjektive Wertungen und Schlussfolgerungen.

Getäuscht werden kann sowohl über **innere** als auch über **äußere** Tatsachen.

Bsp. 1: *T mietet das Zimmer eines Luxushotels. Nachdem er eine Woche das Luxusleben genossen hat, verlässt er – wie von Anfang an geplant – das Hotel, ohne zu bezahlen.*

Hier liegt eine konkludente Täuschung über die Zahlungs*bereitschaft* als innere Tatsache vor.

Bsp. 2: *T mietet das Zimmer eines Luxushotels, obwohl er „pleite“ ist. Dass es ihm nicht möglich ist, zu zahlen, verschweigt er.*

T hat vorliegend über seine Zahlungs*fähigkeit*, also eine äußere Tatsache getäuscht.

Um der Gefahr in der Klausur entgegenzuwirken, dass Sie einen Prüfungsgesichtspunkt übergehen, bietet sich als gedankliche Stütze das folgende Vorgehen an:

Täuschung über eine **innere** oder **äußere Tatsache** durch

⇨ **Aktives Tun** (ausdrücklich oder konkludent)

⇨ **Unterlassen i.S.d. § 13 I** (bei Aufklärungspflicht)

330

2. Irrtum

Def.: „Irrtum"

Durch die Täuschung muss beim Gegenüber ein Irrtum erregt oder unterhalten werden. **Irrtum** ist jeder Widerspruch zwischen Vorstellung und Wirklichkeit.

Ein Irrtum wird dann *erregt,* wenn er durch die Täuschungshandlung entsteht. Er wird *unterhalten,* wenn die Täuschungshandlung ihn entweder verstärkt oder bestätigt. Nicht ausreichend ist das bloße Ausnutzen eines Irrtums. Ob ein Irrtum ausgenutzt oder unterhalten wird, ist im Einzelfall durch Betrachtung der Gesamtumstände zu ermitteln.

Sachgedankliches Mitbewusstsein

Welchen Bewusstseinsgrad die Fehlvorstellung des Opfers erreichen muss, ist noch nicht abschließend geklärt. Der BGH lässt es mit der h.M. im Schrifttum genügen, wenn der Getäuschte das Gefühl hat, es sei **„alles in Ordnung"** (sog. sachgedankliches Mitbewusstsein). 331

> ***Bsp.:*** *Der über die Zahlungsfähigkeit des Gastes getäuschte Kellner reflektiert bei Aufnahme der Bestellung nicht die Liquidität des Kunden. Er denkt aber, es sei alles in Ordnung und geht sachgedanklich von der Zahlungsfähigkeit als einer Selbstverständlichkeit aus.*

Zweifel

Falls die getäuschte Person **Zweifel** an der Richtigkeit der Angaben hat, so ist ein Irrtum nicht automatisch ausgeschlossen. Nach h.M. ist es ausreichend, wenn der Getäuschte es zumindest für wahrscheinlicher hält, dass die Angaben der Wahrheit entsprechen. Denn die Tatsache, dass es später zu einer Vermögensverfügung kommt, zeigt gerade, dass sich der Getäuschte von der Unwahrheit hat überzeugen lassen. 332

Vermeidbarkeit

Auch eine **Vermeidbarkeit** des Irrtums lässt den Tatbestand nicht entfallen. Es gibt im Rahmen des Betrugs grundsätzlich kein „Mitverschulden" des Opfers, welches den Tatbestand entfallen lassen würde. Das leichtgläubige oder naive Opfer wird von § 263 also ebenfalls geschützt. 333

Bsp.: O kauft bei T eine Uhr. Sie geht sicher davon, dass es sich dabei um eine echte Rolex handelt. Bei etwas genauerem Hinsehen hätte jedoch auch ein Laie unschwer die Fälschung erkennen können.

Unkenntnis

Sofern das Opfer überhaupt keine Kenntnis bzgl. bestimmter Tatsachen hat, kann hieraus nach h.M. kein Irrtum erwachsen. Dies gilt insbesondere, wenn sich der Getäuschte über einen Sachverhalt überhaupt keine Gedanken macht (lat.: **„ignorantia facti"**). 334

Bsp.: Bei Abhebung von einem Sparbuch macht sich der Bankangestellte keine Gedanken über die Berechtigung. Denn nach § 808 I S. 1 BGB wird die Bank bei Auszahlung gegen Vorlage des Sparbuchs als Legitimationspapier von ihrer Verbindlichkeit befreit, auch wenn der Vorlegende nicht Forderungsinhaber ist. Daher wird auch durch die Vorlage eines fremden Sparbuchs nicht der Irrtum erregt, man sei Berechtigter.

3. Vermögensverfügung 335

Ungeschriebenes Tatbestandsmerkmal

Die Vermögensverfügung ist ein ungeschriebenes Tatbestandsmerkmal und fungiert als Bindeglied zwischen den Merkmalen „Irrtum“ und „Vermögensschaden“.

Eine Vermögensverfügung ist jedes **Handeln, Dulden oder Unterlassen**, das sich **unmittelbar vermögensmindernd** auswirkt.

hemmer-Methode: Die Definition der Vermögensverfügung besteht also aus drei Elementen: 1. Handeln, Dulden oder Unterlassen; 2. Unmittelbarkeit; 3. Vermögensminderung. Alle Merkmale sollten Sie in der Klausur (wenigstens gedanklich) genau untersuchen, da an dieser Stelle oftmals Problemschwerpunkte liegen.

Bsp.: Abschluss eines Vertrags (Handeln), Gestattung der Mitnahme einer Sache (Duldung), Nichtgeltendmachung einer Forderung (Unterlassen)

Selbstschädigungsdelikt

Unmittelbar bedeutet, dass das Opferverhalten ohne zusätzliche (deliktische) Zwischenakte des Täters zu einer Vermögensminderung führt. An diesem Unmittelbarkeitserfordernis wird der **Selbstschädigungscharakter** des Betrugstatbestands deutlich. 336

Voraussetzung ist demnach ein „Gebeakt“ (im weitesten Sinne) des Getäuschten bzw. der Täter muss das Tatopfer als „Werkzeug“ zur Vermögensverschiebung instrumentalisieren. Anhand dieser Kriterien ist auch die Abgrenzung zum Diebstahl vorzunehmen, der als **Fremdschädigungsdelikt** in einem **Exklusivitätsverhältnis** zum Betrug steht. Dies bedeutet, dass dieselbe Aktion entweder als Geben oder als Nehmen zu qualifizieren ist.

Anmerkung: Beachten Sie, dass sich die Abgrenzungsfrage ausschließlich beim **Sachbetrug** stellt, also nur dort, wo das Verfügungsobjekt eine Sache (und keine Forderung) ist.

Die Abgrenzung Sachbetrug – Diebstahl kann sich im Einzelnen sehr schwierig gestalten. Drei klassische Probleme in diesem Bereich werden im Folgenden näher erörtert.

a) „Trickdiebstahl“ 337

Das Exklusivitätsverhältnis wird insbesondere in den Fällen relevant, in denen der Täter lediglich eine **Gewahrsamslockerung** anstrebt, um die Sache in der Absicht rechtswidriger Zueignung an sich zu nehmen.

Bsp.: *T bittet seine Bekannte O darum, ihm mal kurz ihren Diamantring zu zeigen, weil er angeblich seiner Freundin zur Hochzeit eventuell ein vergleichbares Schmuckstück schenken möchte. O händigt T den Ring zur Ansicht aus. T steckt den Ring ein und verschwindet.*

Eine Strafbarkeit wegen Betrugs setzt eine irrtumsbedingte Vermögensverfügung voraus, d.h. ein Tun, Dulden oder Unterlassen, das sich unmittelbar vermögensmindernd auswirkt. Zwar wurde der Ring dem T ausgehändigt, wodurch dieser die tatsächliche Sachherrschaft erlangte. Die endgültige Vermögensminderung durch Gewahrsamsübertragung führte T jedoch selbst herbei.

Er musste nach Aushändigung des Schmuckstücks noch eine weitere deliktische Handlung (Gewahrsamsbruch) vornehmen, um den Verfügungserfolg zu vollenden. Mangels Unmittelbarkeit des Opferverhaltens liegt daher kein Betrug vor.

Gewahrsamslockerung

Indem T den Ring einsteckte und verschwand, hat er sich aber wegen eines Diebstahls gemäß § 242 I strafbar gemacht. Insbesondere liegt kein tatbestandsausschließendes Einverständnis der O in die Wegnahme der Sache vor. Mit einem endgültigen Gewahrsamswechsel hat O schon gar nicht gerechnet. 338

Die (einverständliche) Übergabe des Ringes führte nach der maßgebenden Verkehrsauffassung nämlich noch nicht zu einer Gewahrsamsübertragung, sondern lediglich zu einer **Gewahrsamslockerung**. Darüber hinaus handelte T auch vorsätzlich und mit Zueignungsabsicht. T hat sich wegen eines Diebstahls strafbar gemacht.

hemmer-Methode: Ein kleiner Klausurtipp: Sollte Ihnen einmal die Abgrenzungsfrage im Gutachten begegnen, empfiehlt es sich häufig, die Prüfung mit dem Delikt zu beginnen, das im Ergebnis abgelehnt wird. Erst danach ist der bejahende Straftatbestand zu untersuchen.

b) Verfügungsbewusstsein 339

Nach allgemeiner Ansicht ist ein **Verfügungsbewusstsein** des Getäuschten nicht erforderlich. Es genügt daher grundsätzlich jeder Akt, dessen Vermögensrelevanz vom Opfer verkannt wird.

Bsp.: *Eine Vermögensverfügung i.S.d. § 263 I liegt vor, wenn das Opfer seine Unterschrift unter ein Bestellformular in der irrtümlichen Annahme setzt, dass es sich nur um eine Glückwunschkarte handele.*

Für die Fälle des Sachbetrugs macht die Rechtsprechung in Einklang mit gewichtigen Stimmen der Literatur allerdings eine Ausnahme. Dort wird regelmäßig ein Verfügungsbewusstsein gefordert.

Bsp.: *T versteckt im Einkaufswagen unter einer Zeitung eine Packung Zigaretten. Die Kassiererin K rechnet nur die Zeitung ab und lässt T passieren.*

Eine Bestrafung wegen § 263 I scheitert nach h.L. am Merkmal der Vermögensverfügung, denn K hat bezüglich der nicht individualisierten Ware (Zigaretten) keinen Verfügungswillen.

Die Annahme eines generellen Verfügungsbewusstseins (in diesem Sinne die M.M.) hinsichtlich aller Gegenstände, die sich im Einkaufskorb befinden, läuft auf eine reine Willensfiktion hinaus und ist deswegen nicht haltbar. Die Tat ist daher vorliegend ein Diebstahl und kein Betrug.

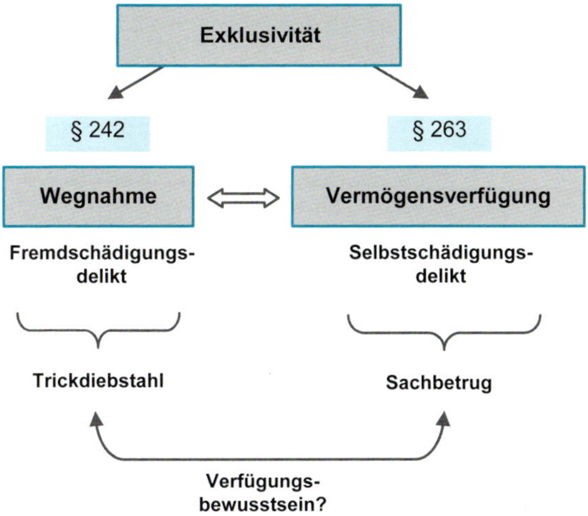

c) Dreiecksbetrug 340

Zu erörtern sind schließlich Dreieckskonstellationen, die aus dem Umstand entstehen können, dass Verfügender und Geschädigter auseinander fallen können. Der Verfügende kann somit nicht nur das eigene, sondern auch das Vermögen eines Dritten mindern (sog. **„Dreiecksbetrug“**).

Anmerkung: Irrender und Verfügender müssen dagegen stets identisch sein.

Bsp.: T spiegelt wahrheitswidrig dem Vater V des minderjährigen G vor, er sei von G gebeten worden, dessen Handy abzuholen. V gibt das Mobiltelefon heraus.

Eine Strafbarkeit wegen Betrugs gegenüber V zu Lasten des G hängt davon ab, ob man die Vermögensverfügung des V seinem Sohn G zurechnen kann. Voraussetzung dafür ist ein **Näheverhältnis** zwischen Verfügendem und Geschädigtem. 341

hemmer-Methode: Bei Dreieckskonstellationen ist es im Gutachten wichtig, dass Sie anhand des Obersatzes deutlich machen, gegenüber „wem“ die Täuschung begangen wurde und zu „wessen“ Lasten verfügt wurde.

Umstritten ist, welche Anforderungen an eine solche derartige Nähebeziehung in Abgrenzung zum Diebstahl in mittelbarer Täterschaft (§§ 242 I, 25 I Alt. 2) zu stellen sind.

H.L.: „Lagertheorie“

Die h.M. arbeitet dabei mit der sog. **Lagertheorie**, wonach der Verfügende rechtlich oder tatsächlich in der Lage gewesen sein muss, über das Vermögen des Geschädigten zu verfügen und er auch schon **vor** der Verfügung im „Lager“ desselben gestanden hat. Als gesetzlicher Vertreter war V bereits vor Übergabe des Handys imstande, über das Vermögen des G zu verfügen, weshalb die Voraussetzungen eines Dreiecksbetrugs vorliegen. 342

TdL: „Befugnistheorie“

Vereinzelt werden aber auch höhere Anforderungen an das zurechnungsbegründende Näheverhältnis gestellt. Auf Grundlage der **Befugnistheorie** wird verlangt, dass der Verfügende (zivil-)rechtlich als zur Vornahme der schädigenden Verfügung ermächtigt gilt. 343

Kraft Gesetzes war V als Personensorgeberechtigter befugt, derartige Handlungen für seinen Sohn G vorzunehmen. Ein Betrug ist somit auch nach dieser Ansicht gegeben.

hemmer-Methode: In der Klausur werden die beiden Theorien wohl meist zu unterschiedlichen Ergebnissen kommen, so dass ein Streitentscheid erforderlich wird. Wenn Sie der herrschenden Lagertheorie folgen möchten, lässt sich argumentieren, dass die Theorie von der rechtlichen Befugnis den Anwendungsbereich des § 263 I in Dreieckskonstellationen zu stark einschränkt.

Prozessbetrug

Eine besondere Form des Dreieckbetrugs ist der **Prozessbetrug**. In diesem Fall täuscht der Täter das Gericht, um dieses zu einem für ihn günstiges Urteil zu bewegen. 344

Sofern das Gericht den Darlegungen des Täters Glauben schenkt, also dem Begehren des Täuschenden entspricht und dadurch einen Vermögensschaden der anderen Prozesspartei herbeiführt, ist der Tatbestand des § 263 I erfüllt. Die erforderliche Nähebeziehung zwischen Verfügendem und Geschädigtem resultiert aus der rechtlichen Befugnis des Richters, kraft seiner hoheitlichen Stellung Anordnungen unmittelbar zu Lasten fremden Vermögens zu treffen.

4. Vermögensschaden 345

Durch die Vermögensverfügung muss ein Vermögensschaden (des Verfügenden oder eines Dritten) entstanden sein. Der Klärung bedarf insbesondere die Frage, welche Güter von dem Begriff des „Vermögens" umfasst sind und unter welchen Voraussetzungen vom Eintritt eines „Schadens" i.S.d. § 263 I ausgegangen werden kann.

a) Vermögensbegriff 346

Der Vermögensbegriff ist seit jeher stark umstritten.

Juristischer Vermögensbegriff

Einst wurde in der Lehre ein rein **juristischer Vermögensbegriff** vertreten. Danach gehörten zum geschützten Vermögen nur die einer Person rechtlich zugewiesenen Güter, und zwar unabhängig von deren wirtschaftlichen Wert. Diese Ansicht basierte auf dem Gedanken, dass dort, wo kein Recht existiere, auch kein Betrug möglich sein dürfe. 347

Anmerkung: Die juristische Vermögenslehre wird aktuell in dieser Form nicht mehr vertreten. Für das bessere Verständnis des heute herrschenden Ansatzes sollte sie jedoch bekannt sein.

Wirtschaftlicher Vermögensbegriff

Das andere Extrem hierzu stellt der **wirtschaftliche Vermögensbegriff** dar. Demgemäß gehören zum Vermögen alle Güter, soweit ihnen ein wirtschaftlicher Wert beigemessen wird. Vermögenswert in diesem Sinne besitzen daher auch Ansprüche aus nichtigen oder sittenwidrigen Verträgen. Dafür spricht, dass durch diesen Ansatz Strafbarkeitslücken im verbrecherischen Milieu vermieden werden. 348

Juristisch-ökonomischer Vermögensbegriff

Im heute herrschenden Schrifttum wird meist ein **juristisch-ökonomischer Vermögensbegriff** vertreten, also eine vermittelnde Position. Vermögen ist hiernach die Summe aller wirtschaftlichen Güter einer Person, die dem Schutz der Rechtsordnung unterstehen. Durch diese normativierende Auslegung ist es auf der einen Seite möglich, den juristischen Vermögensbegriff auf eine wirtschaftliche Betrachtungsweise auszuweiten und so dessen Schwachpunkt zu entschärfen. Auf der anderen Seite wird aber die Weite des wirtschaftlichen Vermögensbegriffs vermieden. Außerdem werden so Wertungswidersprüche zwischen Zivil- und Strafrecht vermieden. 349

hemmer-Methode: Wenn die Vermögensverfügung mittels einer Besitzübertragung stattfindet, kann regelmäßig der Streit offen bleiben. Denn nach h.M. ist die Besitzposition gemäß den §§ 854 ff. BGB grundsätzlich schützenswert, unabhängig von einer möglichen Nichtigkeit des zugrunde liegenden Rechtsgeschäfts. Handelt es sich jedoch um eine Besitzübertragung an illegalen Drogen, wäre nach dem juristisch-ökonomischen Vermögensbegriff richtigerweise eine strafrechtlich schützenswerte Vermögensposition zu verneinen, da die Rechtsordnung den Besitz an illegalen Drogen gerade unter Strafe stellt (vgl. BGH, Beschluss vom 01.06.2016 – 2 StR 335/15 = Life&Law 2016, 769-775).

Die Zuordnung von Gütern zum geschützten Vermögen bereitet vor allem in den folgenden Konstellationen immer wieder Probleme.

Exspektanzen

Bloße **Gewinnerwartungen** (sog. Exspektanzen) fallen grundsätzlich nicht unter den Vermögensbegriff. Eine Ausnahme ist aber dann zu machen, wenn die Erwartung bereits jetzt derart konkretisiert ist, dass ihr der Wirtschaftsverkehr schon für die Gegenwart einen wirtschaftlichen Wert zuschreibt. 350

Strafanspruch des Staates

Geldstrafen oder Geldbußen mehren nach h.M nicht das Vermögen des Staates, sondern sollen die Reaktion auf ein tatbestandliches Fehlverhalten sein. Sie sind daher nicht von § 263 erfasst. Allerdings müssen Sie hier darauf achten, ob eine Geldzahlung in solchen Fällen unter Umständen eine Gebühr enthält. Gebühren, die im Zusammenhang mit einer Geldstrafe anfallen, haben nämlich einen wirtschaftlichen Wert und keinen Sanktionscharakter. 351

Rechtlich missbilligte Positionen

Aus der Definition des juristisch-ökonomischen Vermögensbegriffs ergibt sich bereits, dass Forderungen, die nach §§ 134, 138 BGB nichtig sind, nicht zum geschützten Vermögen gehören. Beispielsweise begeht der Auftraggeber eines Mordes gegenüber dem Auftragskiller keinen Betrug, wenn er diesen um den versprochenen „Lohn" prellt. 352

Im umgekehrten Fall wird im Allgemeinen jedoch ein Vermögensschaden bejaht, weil der Auftraggeber sein „gutes Geld" verliere, also wenn der Auftragsmörder dem Tötungsverlangen – wie von Anfang an geplant – nicht nachkommt. Begründet wird dies damit, dass die rein faktische Besitzposition zivilrechtlich geschützt wird, so dass die Sittenwidrigkeit des Rechtsgeschäfts insoweit keine Rolle spielt.

Arbeitsleistung

Soweit eine **Arbeitsleistung** gegen Entgelt erbracht wird, kommt auch ihr ein wirtschaftlicher Wert zu. 353

Anmerkung: Dass die Arbeitsleistung als solche einen Vermögenswert darstellt, hat das LG Kiel (NStZ 2008, 219-221) in einem Fall bestätigt, in dem der Täter unter falschem Namen für einen Dritten Waren bestellte, um diesen zu belästigen.

354

b) Schaden

Prinzip der Gesamtsaldierung

Aus der Verfügung muss ein Vermögensschaden resultieren. Ein Vermögensschaden ist gegeben, wenn der wirtschaftliche Gesamtwert des Vermögens nach dem **Prinzip der Gesamtsaldierung** verringert wurde. Maßgeblicher Zeitpunkt für den Wertvergleich ist der Vermögensstand vor und nach der Verfügung. Das Tatopfer muss deshalb tatsächlich „ärmer“ geworden sein. 355

Kompensation

Daran fehlt es insbesondere, wenn die durch die Verfügung eingetretene Vermögensminderung **unmittelbar** durch Zufluss eines gleichwertigen wirtschaftlichen Äquivalents wieder ausgeglichen wird. 356

Bei einer **Kompensation** des Schadens sind jedoch Ausgleichsansprüche, die gerade aus der Täuschung resultieren, nicht zu berücksichtigen, da etwaige Schadensersatzforderungen (z.B. § 823 BGB) nur Folge des Schadens sind und die Entstehung desselben nicht verhindern können.

Anmerkung: Anderenfalls würde eine Strafbarkeit wegen Betrugs stets aufgrund eines fehlenden Vermögensschadens ausscheiden. Dies kann nicht sein.

> ***Bsp.:*** *T täuscht O arglistig über die Echtheit einer Briefmarkensammlung, weshalb O beim Weiterverkauf nur einen geringeren Kaufpreis erzielen kann.*
>
> Durch den Erhalt der geringwertigen Briefmarkensammlung hat O einen Vermögensschaden erlitten.
>
> Aufgrund des arglistigen Verhaltens des T erlangt O zwar einen Schadensersatzanspruch (§§ 280 I, 311 II, 241 II BGB), der aber kein berücksichtigungsfähiges gleichwertiges Äquivalent darstellt, da die Ausgleichsforderung nicht unmittelbar durch die Verfügung des O (Kaufpreiszahlung) entstanden ist, sondern lediglich Folge des eingetretenen Schadens ist.

Demzufolge besteht ein Vermögensschaden in Höhe der Differenz zwischen dem von O gezahlten und dem selbst erzielten Kaufpreis.

Bei **Austauschverträgen** kann bei der Saldierung weiterhin dahingehend unterschieden werden, in welchem Stadium der Vertragsabwicklung die Täuschung stattfindet bzw. der Vermögensschaden eintritt.

Eingehungsbetrug

Ist schon der täuschungsbedingte Abschluss des Verpflichtungsgeschäfts für das Opfer nachteilig, d.h. entsteht eine minderwertige Verbindlichkeit, so spricht man von einem **Eingehungsbetrug**. Die Schadensbegründung ist folglich abhängig von einem Vergleich der sich gegenüberstehenden Forderungen. *357*

Bsp.: *T verkauft O einen Gebrauchtwagen. Bei den Vertragsverhandlungen gibt T vor, das Auto habe einen Kilometerstand von 50.000 km, obwohl er weiß, dass dieser doppelt so hoch ist. O verpflichtet sich infolgedessen zur Zahlung von 10.000 €, obwohl der Wagen wegen der Abnutzung nur noch 5.000 € wert ist.*

T hat O bei Vertragsschluss über den wahren Kilometerstand getäuscht und bei O einen entsprechenden Irrtum erzeugt. Die Vermögensverfügung ist in dem Abschluss des Kaufvertrags zu sehen, der eine Zahlungsverpflichtung des O begründet (§ 433 II BGB).

Sein Anspruch gegen T auf Übereignung des Autos ist gegenüber der Zahlungsverpflichtung aber deutlich weniger wert, weshalb ein Vermögensschaden zu bejahen ist, unabhängig davon, ob es tatsächlich zu der Kaufpreiszahlung kommt.

Anmerkung: Im Beispiel ist somit bereits mit Vertragsschluss ein Vermögensschaden entstanden, so dass wegen vollendeten Betrugs zu bestrafen ist. Denn ein Vermögensschaden wird nach h.M. bereits bei einer hinreichend konkreten Vermögensgefährdung bejaht, siehe dazu sogleich Rn. 359.

Erfüllungsbetrug

Täuscht der Täter hingegen erst beim Vollzug des Vertrags und sind die erbrachten Leistungen nicht gleichwertig mit den schuldrechtlichen Verpflichtungen, so spricht man von einem **Erfüllungsbetrug**. *358*

Bsp.: *Wieder verkauft T dem O ein Auto. Die Fahrzeugübergabe soll eine Woche später stattfinden. Bis dahin überlegt T es sich aber anders und übereignet O ein nahezu identisch aussehendes, aber deutlich älteres Fahrzeug.*

Die Ansprüche des T auf Kaufpreiszahlung und des O auf Übereignung waren zunächst gleichwertig. T hat den O allerdings bei der Übereignung (§ 929 S. 1 BGB) darüber getäuscht, dass es sich tatsächlich um das ausgesuchte Fahrzeug handelt.

Die empfangene Leistung bleibt gegenüber der Kaufpreisverpflichtung des O zurück. Ein Vermögensschaden ist mithin gegeben.

Anmerkung: Meist wirkt die Täuschung bei Vertragsschluss in der Erfüllungsphase (im ersten Beispiel wird das Auto auch gleichzeitig übereignet und bezahlt) fort, sog. **unechter Erfüllungsbetrug**). Es handelt sich dann konkurrenzrechtlich um **einen** Betrug. Es hat sich lediglich die konkrete Vermögensgefährdung konkretisiert.

Die Auslegung des Schadensbegriffs kann sich im Einzelfall als äußerst schwierig erweisen. Fallgruppenartig werden nun die prüfungsrelevantesten Problemfelder dargestellt.

aa) Konkrete Vermögensgefährdung 359

Schadensgleiche Vermögensgefährdung

In Ausnahmefällen kann ein Schaden auch schon in einer **konkreten Vermögensgefährdung** zu erblicken sein. Dafür muss nach der Rechtsprechung bei wirtschaftlicher Betrachtung der Eintritt eines endgültigen Vermögensschadens hinreichend wahrscheinlich oder nahe gerückt sein.

Bsp.: *T bittet O um ein Darlehen i.H.v. 50.000 €. O verlangt Sicherheiten für den Rückzahlungsanspruch. Daher gibt ihm T ein Gemälde als Pfand, das angeblich 60.000 € wert ist. Hierfür legt er noch ein gefälschtes Zertifikat vor. Der tatsächliche Wert des Bildes beträgt 10 €.*

Indem T den O über den Wert des Bildes und damit der Sicherheit täuscht, veranlasst er ihn zur Auszahlung des Darlehensbetrags. O hat als Gegenwert ein faktisch wertloses Pfandrecht erlangt. Hierdurch ist sein Vermögen konkret gefährdet.

Der Tatbestand des Betrugs ist demnach schon mit Auszahlung des Geldes und nicht erst dann verwirklicht, wenn T das Darlehen tatsächlich nicht zurückzahlen kann.

Anmerkung: Seien Sie bei der Annahme einer schadensgleichen Vermögensgefährdung eher zurückhaltend. Eine extensive Anwendung gerät mit **Art. 103 II GG** in Konflikt. Denn die Figur der konkreten Vermögensgefährdung verlagert den Vollendungszeitpunkt zu Lasten des Täters bedenklich weit nach vorn und führt auf diese Weise dazu, dass dem Handelnden in an sich typischen Versuchskonstellationen die Rücktrittsmöglichkeit (§ 24) genommen wird. Sinnvoll erscheint es deshalb, eine schadensgleiche Gefährdung erst dann zu bejahen, wenn einerseits das Opfer eine Vermögensposition bereits faktisch eingebüßt hat und andererseits der Täter den Vermögensvorteil ohne wesentliche Zwischenakte realisieren kann.
Das BVerfG hat insoweit nicht beanstandet, dass bereits der Abschluss eines Vertrags zu einem Vermögensschaden führen kann. Zur Verhinderung einer Überdehnung des Betrugstatbestands muss jedoch – von einfach gelagerten und eindeutigen Fällen abgesehen – der Vermögensschaden der Höhe nach beziffert und dies in wirtschaftlich nachvollziehbarer Weise in den Urteilsgründen dargelegt werden, vgl. BVerfG, StraFo 2012, 27-32.

bb) Individueller Schadenseinschlag 360

Grds. objektiver Maßstab

Grundsätzlich ist die Schadensberechnung anhand objektiver Kriterien vorzunehmen, d.h. bei der Gesamtsaldierung wird der allgemeine wirtschaftliche Wert der einzelnen Positionen zu Grunde gelegt, denn § 263 will das Vermögen als Ganzes und **nicht** die **Dispositionsfreiheit** des Einzelnen schützen.

> ***Bsp.:*** *Teppichhändler V verkauft dem gierigen K einen Teppich für 2.500 €. V hatte dem K erzählt, der Teppich sei sonst nicht unter 4.000 € zu haben, es handele sich um ein einmaliges Sonderangebot. Den gleichen Teppich kann man in Wahrheit - entsprechend seinem objektiven Wert - überall für 2.500 € kaufen. K fühlt sich betrogen, denn unter diesen Umständen hätte er den Teppich bei V nie gekauft.*
>
> Täuschung, Irrtum und Vermögensverfügung liegen vor. Ein Vermögensschaden ist jedoch abzulehnen, weil bei objektivem Wertvergleich die ausgetauschten Leistungen einander entsprechen.

Persönlicher Schadenseinschlag

In besonders gelagerten Fällen sind ausnahmsweise auch die **persönlichen Verhältnisse** des Betroffenen mit einzubeziehen. Dabei haben sich in der Rechtsprechung einige Fallgruppen entwickelt, deren Anwendung allerdings restriktiv zu handhaben ist.

Bsp. 1: *T verkauft der Oma O einen hochmodernen Computer für 5.000 €. Wie T weiß, hat O keine Ahnung, wie man einen Computer bedient. Wider besseren Wissens erklärt T der O jedoch, dass speziell dieses Gerät extrem bedienerfreundlich sei und der Umgang mit ihm spielend erlernt werden könne. Daraufhin kauft O den PC.*

T hat die O getäuscht, sie ist dadurch einem Irrtum unterlegen und hat deswegen eine Vermögensverfügung vorgenommen. Fraglich ist aber, ob O auch einen Vermögensschaden erlitten hat. Um den Schaden zu bestimmen, muss eine Gesamtsaldierung vorgenommen werden. O hat 5.000 € gezahlt. Auf der anderen Seite hat sie aber auch einen PC im Wert von 5.000 € erhalten. Somit würde nach objektiver Betrachtung kein Schaden vorliegen. Hier sind allerdings die individuellen Bedürfnisse der O deshalb zu berücksichtigen, da der Computer für sie **völlig unbrauchbar** ist und er auch **nicht in anderer zumutbarer Weise** verwendet werden kann.

Bsp. 2: *T verkauft dem Bauern O eine Melkmaschine für 50.000 €, indem er ihm vorspiegelt, die Maschine sei nur derzeit so günstig zu haben. O könne ohne ein solches Gerät im modernen Wirtschaftsleben der Konkurrenz nicht standhalten.*

O, der – wie T weiß – ohnehin in wirtschaftlichen Schwierigkeiten steckt, nimmt daraufhin einen existenzbedrohenden Kredit auf. Tatsächlich hätte O auch mit seinen alten Methoden weiterwirtschaften können.

Auch hier wird ein Vermögensschaden bejaht, selbst wenn die Maschine objektiv 50.000 € wert ist. Denn die Kreditaufnahme führt wegen der enormen Belastung dazu, dass dem O Mittel entzogen werden, die er für eine **angemessene Wirtschafts- und Lebensführung** benötigt. In einem solchen Fall sind bei der Beurteilung der Vermögenslage die individuellen Verhältnisse des Opfers mit zu berücksichtigen.

cc) Bewusste Selbstschädigung 361

Zweckverfehlungslehre

Zweifelhaft ist ferner, ob ein Vermögensschaden angenommen werden kann, wenn der Getäuschte sich bei Vornahme der Vermögensverfügung bewusst ist, dass er gar keine abstrakt gleichwertige Gegenleistung erhalten wird.

In solchen Fällen der **„bewussten Selbstschädigung“** ist nach der **Zweckverfehlungslehre** ein Vermögensschaden jedenfalls dann zu bejahen, wenn der mit der Verfügung verfolgte soziale Zweck nicht erreicht wird.

Bsp.: T klingelt in vergammelten Kleidern bei der gutmütigen Oma O und erzählt ihr, er habe seit sieben Tagen nichts gegessen. O gibt ihm deshalb 25 €. T, der sich in Wirklichkeit in keiner Notlage befindet, wollte nur die Leichtgläubigkeit der O zu seinen Gunsten ausnutzen.

Anmerkung: Anders sind die Fälle zu beurteilen, in denen die Spende allein dazu dient, den lästigen Bettler loszuwerden. Hier ist die Täuschung bzw. der Irrtum gar nicht kausal für die Vermögensverfügung. Möglich bleibt dann aber eine Strafbarkeit wegen versuchten Betrugs, §§ 263 I, II, 22, 23 I.

dd) Gutgläubig erworbenes Eigentum 362

Umstritten ist außerdem die Frage, ob gutgläubig erworbenes Eigentum vom täuschenden Nichtberechtigten einen Schaden i.S.d. § 263 I darstellen kann.

Bsp.: T übereignet dem gutgläubigen O unter Vorspiegelung falscher Eigentumsverhältnisse ein zuvor von E geliehenes Fahrrad.

Makeltheorie

Nach der früher vom Reichsgericht vertretenen **„Makeltheorie“** ist gutgläubig erworbenes Eigentum mit einem sittlichen Makel behaftet, was damals für die Annahme eines Vermögensschadens genügen sollte.

Heute wird im weit überwiegenden Schrifttum die Ansicht vertreten, dass eine vom Berechtigten und vom Nichtberechtigten erworbene Eigentumsposition sowohl rechtlich als auch wirtschaftlich gleichwertig sind. Nur in besonders gelagerten Ausnahmefällen wird ein Vermögensschaden bejaht, insbesondere wenn sich der Erwerber der Gefahr der Strafverfolgung wegen Hehlerei ausgesetzt sieht, oder wenn der Erwerber die Sache unter Umständen erlangt hat, die es wahrscheinlich machen, dass er sich im Prozess mit dem Alteigentümer nicht adäquat verteidigen kann.

Anmerkung: Merken Sie sich also, dass die Makeltheorie in der ursprünglichen Form nicht mehr existent ist! Nur wenn ein Sachverhalt besondere Anhaltspunkte dafür enthält, dass der gutgläubige Erwerber seine Eigentumsposition nur schwer verteidigen können wird, kann ein Vermögensschaden (in Form einer hinreichend konkreten Vermögensgefährdung) bejaht werden.

II. Subjektiver Tatbestand 363

Der subjektive Tatbestand des § 263 I verlangt Vorsatz (§ 15) und die Absicht der rechtswidrigen Bereicherung. Der Betrug ist daher – ebenso wie § 242 I – ein Delikt mit überschießender Innentendenz (vgl. Rn. 259).

1. Vorsatz 364

Der Täter muss Vorsatz hinsichtlich aller Merkmale des objektiven Tatbestands haben. Ausreichend ist **dolus eventualis**, der sich auf die Merkmale „Täuschung“, „Irrtum“, „Vermögensverfügung“ und „Vermögensschaden“ beziehen muss.

Behauptungen „ins Blaue“

Behauptungen „ins Blaue hinein“ genügen für die Annahme eines bedingten Täuschungsvorsatzes.

> ***Bsp.:*** *Während eines Verkaufsgesprächs behauptet T gegenüber O „ins Blaue hinein“, dass der in Rede stehende Wagen unfallfrei sei.*

2. Absicht rechtswidriger Bereicherung 365

Die Absicht rechtswidriger Bereicherung setzt voraus, dass der Täter mit dem zielgerichteten Willen handelt, sich oder einem Dritten einen rechtswidrigen Vermögensvorteil zu verschaffen. Der erstrebte Vermögensvorteil muss zudem stoffgleich sein.

In Klausuren bietet sich bei der Prüfung des subjektiven Tatbestands des § 263 I ein Vorgehen in vier Schritten an:

- ⇨ Vorteilverschaffungsabsicht
- ⇨ Stoffgleichheit
- ⇨ Rechtswidrigkeit der erstrebten Bereicherung
- ⇨ Vorsatz bezüglich der Stoffgleichheit und Rechtswidrigkeit

Bereicherungsabsicht

Die Absicht, sich oder einem Dritten einen Vermögensvorteil zu verschaffen, ist im technischen Sinne zu verstehen und meint, dass der Täter mit **dolus directus 1. Grades** die Bereicherung anstreben muss. Dabei reicht es allerdings aus, wenn die anvisierte Bereicherung lediglich notwendiges Zwischenziel ist und nicht das Endziel darstellt. 366

Bsp.: *T täuscht O beim Verkauf seines Fahrrads über die Funktionsfähigkeit der Bremsen, weil er bezweckt, dass sich O endlich mal richtig „auf die Nase legt" und dabei verletzt wird.*

Anmerkung: Beachten Sie, dass der Vermögensvorteil sich nicht bereits realisiert haben muss. Der Betrug ist bereits **vollendet**, wenn der Täter mit der entsprechenden Bereicherungsabsicht handelt.

Stoffgleichheit

Der angestrebte Vermögensvorteil muss die Kehrseite des vom Täter verursachten Vermögensschadens, also ihm **stoffgleich** sein. 367

Voraussetzung ist demnach, dass Schaden und Vorteil unmittelbar durch **dieselbe** Vermögensverfügung vermittelt sind.

Die Problematik tritt vor allem bei den sog. **„Provisionsvertreterfällen"** auf.

Bsp.: *Vertreter V verkauft dem O einen Staubsauger. Bei Verhandlungen täuscht V den O über die angeblich besonders starke Saugkraft des Geräts. O kauft deswegen das Gerät zu einem deutlich überhöhten Preis. V meldet den Vertragsschluss seinem Auftraggeber A und kassiert dafür 100 € Provision.*

I. Strafbarkeit wegen **eigennützigen Betrugs gegenüber (und zu Lasten des) O** (-)

V hat O vorsätzlich über die Saugkraft des Staubsaugers getäuscht und ihn damit zu einer irrtumsbedingten Vermögensverfügung veranlasst, die einen Schaden herbeiführte. Zweifelhaft ist, ob V auch mit der Absicht handelte, **sich** einen rechtswidrigen Vermögensvorteil zu verschaffen. Dabei muss der Schaden des O stoffgleich mit dem erstrebten Vorteil des V gewesen sein.

Vorliegend kam es V darauf an, die Provision seines Arbeitgebers für den Abschluss des Kaufvertrags einzuziehen. Die Provision erlangte V aber nicht durch die Kaufpreiszahlung des O, sondern durch die Bezahlung von A. Es fehlt demnach an der Stoffgleichheit, da der Schaden des O (Erhalt eines minderwertigen Geräts) und der Vermögensvorteil (Provision) nicht unmittelbar durch ein und dieselbe Verfügung (Kaufpreiszahlung) herbeigeführt werden.

II. Strafbarkeit wegen **fremdnützigen Betrugs gegenüber (und zu Lasten des) O** (+)

Eine Bestrafung wegen Betrugs kommt auch dann in Betracht, wenn der Täter mit **Drittbereicherungsabsicht** gehandelt hat. Zur Erlangung der Provision stellt sich die Kaufpreiszahlung des O (Schaden) als notwendiges Zwischenziel dar, die insoweit auch Kehrseite des von V erstrebten Vermögensvorteils des A ist. Die notwendige Stoffgleichheit ist damit gegeben. Folglich hatte V die Absicht, einem Dritten einen rechtswidrigen Vermögensvorteil zu verschaffen.

III. Strafbarkeit wegen **eigennützigen Betrugs gegenüber (und zu Lasten des) A** (+)

Durch die Meldung eines ordnungsgemäßen Vertragsschlusses mit O kann sich V auch wegen eines eigennützigen Betrugs gegenüber A strafbar gemacht haben. V hat A vorsätzlich darüber getäuscht, dass die Voraussetzungen (wirksamer Vertragsschluss) für die Auszahlung der Provision vorliegen und bei ihm einen korrespondierenden Irrtum erzeugt.

Die Verfügung ist in der Auszahlung zu erblicken, die wegen der Anfechtbarkeit des Vertrags (§§ 142, 123 BGB) zu einem Vermögensschaden des A geführt hat. Ebenfalls ist die erforderliche Selbstbereicherungsabsicht zu bejahen. Insbesondere ist sowohl der Schaden des A als auch der Vorteil des V auf die Auszahlung der Provision (Vermögensverfügung) zurückzuführen, weshalb Stoffgleichheit vorliegt.

Rechtswidrigkeit

Der erstrebte Vorteil muss darüber hinaus auch **rechtswidrig** sein. Die Rechtswidrigkeit entfällt, wenn der Täter einen fälligen und durchsetzbaren Anspruch gegen den Geschädigten hat. 368

Bsp.: *T leiht O eine Uhr, die O so gut gefällt, dass er sie nicht mehr herausgibt. Eines Tages schreibt T dem O einen Brief, in dem er ihm wahrheitswidrig versichert, dass er die Uhr jetzt tatsächlich behalten dürfe. Er möchte sie aber wenigstens noch einen Tag tragen dürfen, weshalb er O bittet, ihm die Uhr für diese Zeit zukommen zu lassen. Der Plan des T gelingt. Er bekommt die Uhr von dem naiven O geschickt, die er ihm natürlich nicht wieder zurückgibt.*

Hier ist der subjektive Tatbestand des § 263 I nicht erfüllt, weil T gegen O einen fälligen und einredefreien Rückgabeanspruch aus § 604 I BGB besitzt.

Vorsatz

Hinsichtlich der Rechtswidrigkeit der Bereicherung ist **Vorsatz** erforderlich. Hierbei gelten die allgemeinen Irrtumsregeln des § 16 I S. 1. Deshalb begründet die irrige Annahme, einen fälligen und durchsetzbaren Anspruch gegen den Geschädigten zu haben, einen vorsatzausschließenden Tatbestandsirrtum. Stellt sich der Täter hingegen irrig vor, er erstrebe einen rechtswidrigen Vorteil, obwohl ihm tatsächlich objektiv der angestrebte Vermögenswert zusteht, kommt eine Strafbarkeit wegen untauglichen Betrugsversuchs nach §§ 263 I, II, 23 I, 12 II in Betracht. 369

370

D. Regelbeispiele und Qualifikationen

Regelbeispiele

§ 263 III enthält einen nicht abschließenden Katalog von Regelbeispielen für den besonders schweren Fall des Betrugs. Hinsichtlich Vorgehen und Aufbau können Sie sich insoweit an den Ausführungen zu § 243 orientieren (vgl. Rn. 283). Hervorzuheben ist lediglich § 263 III S. 2 Nr. 2, der auf die Herbeiführung eines **Vermögensverlusts großen Ausmaßes** mit angehobenem Strafrahmen reagiert. Ein solcher liegt vor, wenn der beim Opfer eingetretene Schaden das für den Betrug durchschnittliche Maß weit übersteigt. Nach h.M. muss mindestens ein Betrag von 50.000 € erreicht sein.

Qualifikation

Der gewerbsmäßige Bandenbetrug gemäß **§ 263 V** stellt hingegen einen Qualifikationstatbestand zu § 263 I dar. Zu den Merkmalen „gewerbsmäßig“ und „Bande“ vergleichen Sie die Ausführungen zu §§ 243, 244 unter Rn. 295, 315 ff. 371

§ 8 Raub und räuberische Erpressung 372

Anmerkung: Im Klausurenstil gelöste Fälle rund um Raub und räuberische Erpressung finden Sie bei Hemmer/Wüst - Die 44 wichtigsten Fälle Strafrecht BT I, Fälle 16 bis 24.

A. Überblick 373

Im 20. Abschnitt des Strafgesetzbuches finden sich in den §§ 249 – 256 die Vorschriften zu Raub und Erpressung.

Geschützte Rechtsgüter

Der selbständige Tatbestand des Raubes (§ 249) schützt die **Freiheit der Person** und das **Eigentum**.

Schutzgüter des Erpressungstatbestands (§§ 253, 255) sind die **persönliche Freiheit** und das **Vermögen** als Ganzes.

Für **beide** Deliktstypen gelten die **Qualifikationsnormen** des schweren Raubes (§ 250) bzw. des Raubes mit Todesfolge (§ 251), d.h. ein Täter kann sich beispielsweise auch wegen schwerer räuberischer Erpressung gemäß §§ 253, 255, 250 strafbar machen. Die Anwendbarkeit der Qualifikationstatbestände ergibt sich aus dem Wortlaut des § 255 („gleich einem Räuber").

Das Verhältnis von Raub und räuberischer Erpressung ist in Rechtsprechung und Literatur heftig umstritten. Diese Problematik wird unter Rn. 392 ff. ausführlich dargestellt.

Der in § 252 normierte **räuberische Diebstahl** ist ein eigenständiger Tatbestand und erfasst Fälle der Verteidigung der Diebesbeute mit Raubmitteln. Auch insoweit finden die Qualifikationen der §§ 250, 251 Anwendung (vgl. die Rechtsfolge „gleich einem Räuber" bei § 252).

B. Raub, § 249 374

Zusammengesetztes Delikt

Der Raub (§ 249) ist ein aus Diebstahl und qualifizierter Nötigung **zusammengesetztes** Delikt. Aus diesem Umstand ergibt sich auch die doppelte Schutzfunktion des Raubtatbestands. Konkurrenzrechtlich folgt hieraus, dass bei Verwirklichung des § 249 die §§ 242, 240 wegen Spezialität verdrängt werden.

hemmer-Methode: Aufgrund des dargestellten Konkurrenzverhältnisses ist in Klausuren der Raub immer als erstes zu prüfen. Wird § 249 bejaht, müssen Sie den mitverwirklichten Diebstahl und die enthaltene Nötigung nicht mehr näher erörtern. Es genügt der Hinweis, dass die §§ 242, 240 im Wege der Gesetzeskonkurrenz verdrängt werden.

I. Prüfungsschema, § 249 I 375

I. Tatbestand

1. Objektiver Tatbestand

a) Qualifizierte Nötigung, d.h.

aa) Gewalt gegen eine Person oder

bb) Drohung mit gegenwärtiger Gefahr für Leib oder Leben

b) Wegnahme einer fremden beweglichen Sache

c) Finalzusammenhang zwischen **a)** und **b)**

2. Subjektiver Tatbestand

a) Vorsatz bezüglich objektivem Tatbestand

b) Absicht rechtswidriger Zueignung

II. Rechtswidrigkeit

III. Schuld

II. Die einzelnen Tatbestandsmerkmale 376

Räuber i.S.d. § 249 I kann nur sein, wer mit Gewalt gegen eine Person oder unter Anwendung von Drohungen mit gegenwärtiger Gefahr für Leib oder Leben eine fremde bewegliche Sache in der Absicht wegnimmt, die Sache sich oder einem Dritten rechtswidrig zuzueignen.

1. Objektiver Tatbestand 377

Kennzeichnend für den objektiven Tatbestand ist der Einsatz von qualifizierten Nötigungsmitteln, die Wegnahme i.S.d. § 242 I und eine finale Verknüpfung zwischen diesen beiden Elementen.

a) Qualifizierte Nötigungsmittel 378

Als Raubmittel kommen gemäß § 249 I die Anwendung von Gewalt gegen eine Person oder Drohung mit gegenwärtiger Gefahr für Leib oder Leben in Betracht.

Def.: „Gewalt"

Der **Gewaltbegriff** ist mit dem des § 240 I nahezu deckungsgleich (vgl. Rn. 175). Allerdings muss sich die Gewalt nach dem eindeutigen Wortlaut des § 249 I „gegen eine Person" richten, d.h. Voraussetzung ist zumindest eine mittelbare **körperliche Zwangswirkung** beim Opfer. Außerdem muss die Ausübung körperlich vermittelnden Zwanges **gerade der Überwindung geleisteten oder erwarteten Widerstands dienen**. 379

> ***Bsp.:*** *T schlägt O nieder, um dessen Brieftasche an sich nehmen zu können, was gelingt.*

hemmer-Methode: Der BGH bejahte eine Strafbarkeit wegen Raubes in einem Fall, in dem der Täter mit einem Deospray in Richtung der Augen des Opfers sprühte und so – wie beabsichtigt – die Wegnahme eines Gegenstandes, der auf dem Tisch lag, ermöglichte. Der vom Täter gewollte Augenschließreflex genügte dem BGH, um eine physische Gewaltwirkung beim Opfer zu bejahen. Siehe dazu BGH NStZ 2003, 89 = Life&Law 2003, Heft 4, 269-272.

„Gewalt gegen eines Person" i.S.d. § 249 I ist regelmäßig zu verneinen, wenn sich das Täterverhalten ausschließlich **gegen Sachen** richtet (z.B. Quälen des geliebten Haustiers), außer der Angriff wird auch als physische Einwirkung auf die Person empfunden.

> ***Bsp. 1:*** *T entreißt der völlig überraschten O die Handtasche, als sie gerade im Begriff ist, diese auf die Parkbank zu stellen.*

„Handtaschenfälle"

Hier ist das Tatbild von einem Schnelligkeits- bzw. Überraschungsmoment geprägt und nicht von dem Willen des Täters, einen Widerstand zu brechen. Es liegt demnach keine Gewalt vor. T ist wegen Diebstahls nach § 242 I zu bestrafen. 380

> ***Bsp. 2:*** *T entreißt O bei einem Spaziergang die Handtasche, die O fest umklammert in ihren Händen hielt.*

Diesmal hatte O durch das starke Festhalten Sicherheitsvorkehrungen gegen die Wegnahme ihrer Handtasche getroffen. Diese körperliche Barriere hat T überwunden, weshalb sich eine Bestrafung wegen Raubes rechtfertigt.

Def.: „Drohung“

Drohung ist das In-Aussicht-Stellen eines empfindlichen Übels, auf dessen Eintritt der Täter Einfluss hat oder zu haben vorgibt. Anders als bei § 240 muss der Täter jedoch die Realisierung eines qualifizierten Übels, nämlich eine gegenwärtige Gefahr für Leib oder Leben, in Aussicht stellen. 381

> **Bsp.:** *T droht O für den Fall, dass er ihm nicht seine Geldbörse überlässt, Schläge an. O lässt T daraufhin gewähren und T verschwindet mit der Brieftasche.*

b) Wegnahme einer fremden beweglichen Sache 382

Vgl. § 242

Zudem müssen alle objektiven Tatbestandsmerkmale des § 242 I gegeben sein, d.h. der Täter muss eine fremde bewegliche Sache weggenommen haben. Hierbei gibt es keine raubspezifischen Besonderheiten. Deswegen kann auf die Ausführungen zum Diebstahl verwiesen werden, vgl. dazu Rn. 237 ff.

c) Finalzusammenhang 383

Finalität

Nach dem Wortlaut des § 249 I ist erforderlich, dass der Täter *„mit Gewalt“* oder *„unter Anwendung von Drohungen“* die Wegnahme der Sache ermöglicht. Die Raubmittel müssen also **zum Zwecke** der Wegnahme eingesetzt werden. Raub ist deshalb nicht lediglich Nötigung plus Diebstahl, sondern die Wegnahme muss mit dem jeweiligen qualifizierten Nötigungsmittel **final verknüpft** sein. Das setzt voraus, dass wenigstens aus Sicht des Täters Gewalt oder Drohung als Mittel zur Wegnahme dienen.

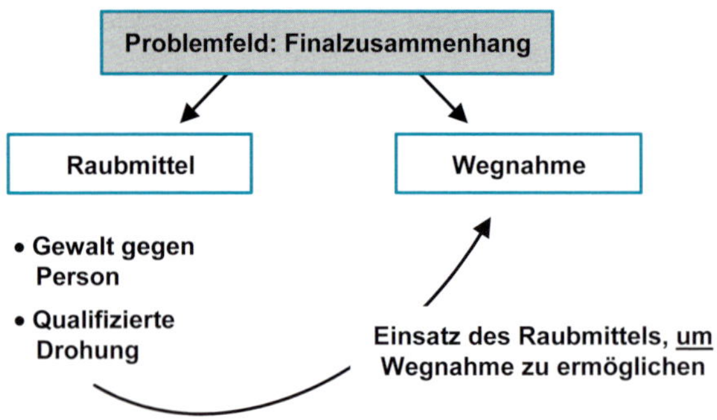

Unproblematisch sind somit die Fälle, in denen der Täter die Raubmittel vor Vollendung zur Wegnahme einsetzt.

Zweifelhaft ist das Vorliegen des Finalzusammenhangs aber in den folgenden Konstellationen:

> **Bsp. 1:** *T schlägt den gelähmten Taubstummen O nieder, um ihm seine Goldkette zu stehlen. T hatte dabei nicht bemerkt, dass O gelähmt ist.*

H.L.: Keine Kausalität erforderlich!

Die Strafbarkeit des T nach § 249 I hängt davon ab, ob man einen **Kausalzusammenhang** zwischen Nötigung und Wegnahme fordert, also den Raub als Diebstahl *„durch“* Nötigung wertet. Objektiv betrachtet kann man das Niederschlagen des O nämlich auch hinwegdenken, ohne dass der Wegnahmeerfolg entfiele. Schließlich war der gelähmte Taubstumme ohnehin zu keiner Gegenwehr fähig. Von der h.M. wird eine solche Ursächlichkeit jedoch nicht verlangt, weil es gemäß der subjektiven Formulierung des Tatbestands maßgeblich auf die Vorstellung des Täters ankommt. T hat sich danach wegen vollendeten Raubes strafbar gemacht. 384

> **Bsp. 2:** *T schlägt auf O ein, um die Herausgabe des Autoschlüssels zu erzwingen, um damit am nächsten Tag dessen Fahrzeug auf dem Parkplatz der Firma des O entwenden zu können.*

Unmittelbarkeitserfordernis

Zwischen der Anwendung der Raubmittel und der Wegnahme muss objektiv ein **enger örtlicher und zeitlicher Zusammenhang** bestehen, d.h. die Nötigung muss unmittelbar in die Wegnahmehandlung einmünden. An diesem Erfordernis fehlt es in dem zweiten Beispielsfall. T kann daher nur nach § 223 I in Tatmehrheit (§ 53) mit § 242 I bestraft werden. 385

hemmer-Methode: Dieser örtliche wie zeitliche Zusammenhang wird auch „raubspezifische Einheit“ genannt. Instruktiv hierzu vgl. BGH, Urteil vom 22.06.2016 – 5 StR 98/16 = Life&Law 2016, Heft 12, 836-866.

> **Bsp. 3:** *T verletzt O mit einem Baseballschläger schwer, weil er ihn noch nie leiden konnte. Nachdem er von ihm abgelassen hat, bemerkt er die Geldbörse des O und steckt diese ein.*

H.L.: Ein nach der Nötigungshandlung gefasster Wegnahmevorsatz genügt grds. nicht

Die Rechtsprechung und h.L. verneinen in vergleichbaren Fällen eine Strafbarkeit aus § 249 I, da das finale Element des Raubes *mehr* erfordert, als dass die Wegnahme **„gelegentlich“** einer Nötigung stattfindet. Wird der Wegnahmevorsatz also erst *nach* der Anwendung von Gewalt oder Drohung gefasst, scheidet eine Bestrafung gemäß § 249 I grundsätzlich aus. 386

hemmer-Methode: Die aufgezeigten Problemfelder im Bereich des Finalzusammenhangs sind keinesfalls abschließend. Im Rahmen dieses Anfängerskripts soll aber die Vermittlung der klausurrelevanten „Basics“ genügen.

Zusammenfassend müssen folglich stets drei Voraussetzungen erfüllt sein, um den Finalzusammenhang bejahen zu können:

Kriterien des Finalzusammenhangs

Objektiv:	**Subjektiv:**
Örtlicher und zeitlicher Zusammenhang	**Nötigungsmittel sollen aus Sicht des Täters gerade der Wegnahme dienen**

Anmerkung: Wie Ihnen bestimmt aufgefallen ist, werden im Rahmen der Erörterung der finalen Verknüpfung objektive und subjektive Elemente – wie auch bei dem Mordmerkmal der Heimtücke – zusammen im objektiven Tatbestand geprüft. Dieses Vorgehen ist anerkannt, da insoweit die Finalität maßgeblich zur objektiven Umschreibung eines Raubvorgangs gehört. Merken Sie sich, dass eine strenge Trennung zwischen objektiven und subjektiven Elementen nicht immer möglich ist. Dann überwiegt das Interesse daran, inhaltlich Zusammengehöriges auch zusammen zu prüfen.

2. Subjektiver Tatbestand 387

Der subjektive Tatbestand erfordert zunächst Vorsatz hinsichtlich aller Merkmale des objektiven Tatbestands. Daneben ist – als **überschießende Innentendenz** – die Absicht notwendig, die Sache sich oder einem Dritten rechtswidrig zuzueignen. Diesbezüglich kann auf die Darstellungen zu § 242 verwiesen werden, vgl. Rn. 259.

C. Räuberische Erpressung, §§ 253, 255 388

Mit Blick auf den Schutzgegenstand der räuberischen Erpressung ist § 253 primär ein **Vermögensdelikt**, das unter der Voraussetzung des Einsatzes von spezifischen Raubmitteln in § 255 qualifiziert ist.

Der Grundtatbestand der Erpressung unterscheidet sich von dem Qualifikationstatbestand der räuberischen Erpressung lediglich durch die Art der Nötigungsmittel.

Aus diesem Grunde wird hier auf eine gesonderte Darstellung der einfachen Erpressung (§ 253) verzichtet. Vielmehr soll auf das umstrittene Verhältnis von § 249 und § 255 besonderes Augenmerk gelegt werden.

389

I. Prüfungsschema zu §§ 253, 255 (nach h.L.)

I. Tatbestand

1. Objektiver Tatbestand

a) Gewalt gegen eine Person oder Drohung mit gegenwärtiger Gefahr für Leib oder Leben (qualifizierte Nötigungsmittel)

b) dadurch Vermögensverfügung **(str.)**

c) dadurch Vermögensnachteil

2. Subjektiver Tatbestand

a) Vorsatz bezüglich **a)** bis **c)**

b) Absicht, sich oder einen Dritten zu Unrecht zu bereichern

II. Rechtswidrigkeit: Verwerflichkeitsprüfung gemäß § 253 II entfällt bei § 255!

III. Schuld

390

II. Die einzelnen Tatbestandsmerkmale

Tatbestandlich setzt eine räuberische Erpressung voraus, dass der Täter einen Menschen rechtswidrig mit Gewalt gegen eine Person oder unter Anwendung von Drohungen mit gegenwärtiger Gefahr für Leib oder Leben zu einer Handlung, Duldung oder Unterlassung nötigt und dadurch dem Vermögen des Genötigten oder eines anderen Nachteil zufügt, um sich oder einen Dritten zu bereichern, §§ 253, 255.

391

1. Qualifizierte Nötigungsmittel

Die geforderten qualifizierten Nötigungsmittel sind mit den Raubmitteln des § 249 I identisch, so dass sich an dieser Stelle keine Besonderheiten ergeben. Verwiesen sei daher auf die Darstellung unter Rn. 378 ff.

2. Vermögensverfügung 392

Abgenötigtes Verhalten = Vermögensverfügung? ⇨ str.

Im Rahmen des Erpressungstatbestands ist höchst streitig, ob als **Nötigungserfolg** eine **Vermögensverfügung** erforderlich ist, die – ähnlich wie beim Betrug – den Vermögensschaden vermittelt. Der Streit ist eng mit der Frage nach dem systematischen Verhältnis der §§ 253, 255 zum Raub (§ 249) verknüpft. 393

BGH: keine Vermögensverfügung erforderlich ⇨ Abgrenzungskriterium: äußeres Erscheinungsbild

Nach der Interpretation der Rechtsprechung muss das abgenötigte Verhalten **nicht** auf eine Vermögensverfügung gerichtet sein, die Verfügung ist also nicht ungeschriebenes Tatbestandsmerkmal der §§ 253, 255. Der BGH begründet seine Auslegung insbesondere mit dem Argument, dass die Nötigung zu einer Duldung auch die Duldung einer Wegnahme erfasse. Dieses Verständnis hat zwei wichtige Konsequenzen: *Erstens* können die §§ 253, 255 danach auch bei der Anwendung von **vis absoluta** eingreifen und *zweitens* ist dann jeder Raub immer zugleich eine räuberische Erpressung. Mit anderen Worten: Die Rechtsprechung begreift den Raub (§ 249) als einen **speziellen Fall** der räuberischen Erpressung (§§ 253, 255). 394

> ***Bsp. („Disco"):*** *Der in der Stadt X unbekannte T feiert in der Disco des O seinen feucht-fröhlichen Junggesellenabschied. Am Ende des Abends bemerkt T, dass er gar nicht genug Geld dabei hat, um die Rechnung zu bezahlen. Er beschließt deshalb, den O in der Besenkammer einzusperren und dann die Vergnügungsstätte ohne Bezahlung zu verlassen. Der Plan gelingt.*
>
> Das Einsperren ist (eine Vermögensverfügung ausschließende) unwiderstehliche Gewalt (vis absoluta) und steht nach dem BGH der Anwendung der §§ 253, 255 nicht entgegen.

Die Abgrenzung des Raubes zur räuberischen Erpressung erfolgt nach der Rechtsprechung aufgrund des **äußeren Erscheinungsbildes**. Daraus folgt: Stellt sich das abgenötigte Verhalten als ein **„Akt des Gebens"** dar, ist § 253 einschlägig. Liegt ein **„Nehmeakt"** vor, kommt eine Bestrafung gemäß § 249 I in Betracht.

> ***Bsp. („Fessel"):*** *T fesselt O an Händen und Füßen, um dessen Wohnung plündern zu können.*
>
> Vorliegend hat T den O durch Anwendung von absoluter Gewalt zur Duldung der Wegnahme genötigt, so dass sich nach der Rechtsprechung eine Bestrafung wegen räuberischer Erpressung grundsätzlich legitimieren lässt.

> Da das Tatgeschehen jedoch als „Nehmeakt“ zu qualifizieren ist, ist T aus dem spezielleren Delikt des Raubes zu bestrafen. Die §§ 253, 255 werden verdrängt.

Literatur: Vermögensverfügung erforderlich ⇨ Abgrenzungskriterium: innere Willensrichtung des Opfers

Ein großer Teil der Literatur möchte hingegen nicht auf das Merkmal der Vermögensverfügung verzichten und verweist dabei – wie bei § 263 – auf den **Selbstschädigungscharakter** der Erpressung. Das Schrifttum begegnet der Rechtsprechung vor allem mit dem Argument, dass es unter systematischen Gesichtspunkten jedenfalls sonderbar sei, wenn der allgemeinere Tatbestand der Erpressung auf das speziellere Delikt des Raubes verweisen würde, welches jedoch zum einen den §§ 253, 255 vorgelagert ist und zum anderen beide Normen („gleich einem Räuber“) den gleichen Strafrahmen besitzen. *395*

Außerdem wäre § 249 dann faktisch überflüssig, wenn man in jeder Duldung der Wegnahme eine Duldung i.S.d. §§ 253, 255 erblickt. Das Verhältnis von Raub und räuberischer Erpressung (**Exklusivität!**) stellt sich nach der Verfügungslehre daher parallel zum Verhältnis Betrug - Diebstahl dar. Entscheidende Folge dieses Verständnisses ist, dass vis absoluta als Nötigungsmittel i.S.d. § 253 ausscheidet.

> Im *„Discobeispiel“* kann T somit lediglich wegen Freiheitsberaubung (§ 239) in Tateinheit mit Nötigung (§ 240) bestraft werden.

Dementsprechend bedient sich die Verfügungstheorie für die Abgrenzung des subjektiven Kriteriums der **inneren Willensrichtung** des Opfers, denn von einer Vermögensverfügung kann immer nur dann die Rede sein, wenn der Genötigte die Sache zwar nicht freiwillig, aber dennoch **willentlich** herausgibt.

> Im *„Fesselbeispiel“* sind sich Rechtsprechung und Literatur deshalb einig. Nach beiden Ansichten ist § 249 verwirklicht, denn ein Rückgriff auf den Erpressungstatbestand scheidet nach der Verfügungslehre schon deshalb aus, weil es sich bei der Fesselung um vis absoluta handelt und insofern eine (willensgetragene) Vermögensverfügung zu verneinen ist.

Faustformel

In Grenzfällen (vis compulsiva) kann man sich als **Faustformel** merken: Glaubt der Genötigte, der Gewahrsamswechsel sei von seiner Mitwirkung abhängig, so liegt eine Vermögensverfügung und damit räuberische Erpressung vor. *396*

Ist der Zwang hingegen derart stark, dass das Opfer denkt: „Egal wie ich mich verhalte, ich werde die Sache sowieso verlieren", so kommt nach h.L. nur eine Bestrafung wegen Raubes in Betracht.

Problemfeld: Verhältnis Raub / räuberische Erpressung

BGH:	**h.L.:**
Räuberische Erpressung ist Grundtatbestand zu Raub	**Exklusivitätsverhältnis**
§ 249 **§§ 253, 255**	**§ 249** ⟺ **§§ 253, 255**
⇨ **Abgrenzung: Nach äußerem Erscheinungsbild**	⇨ **Abgrenzung: Nach der inneren Willensrichtung des Opfers**

hemmer-Methode: Als reines BT-Problem ist die Frage nach dem Verhältnis von Raub und räuberischer Erpressung für den Anfänger sicherlich schwierig. Sie wird Sie aber mit Sicherheit bis zum Examen begleiten, weshalb es sich lohnt, sich bereits in einer frühen Phase des Studiums intensiv mit der Diskussion zu beschäftigen.
In eindeutigen Fällen brauchen Sie auf den Streit in einer Klausur freilich nicht einzugehen. Beispielweise erübrigt sich eine Auseinandersetzung mit den vertretenen Positionen, wenn § 249 (vgl. *„Fesselbeispiel"*) oder eine Vermögensverfügung ohnehin nach beiden Auffassungen zu bejahen ist.

Eine Konstellation, in welcher der Meinungsstreit tatsächlich relevant wird, verdeutlicht das folgende Beispiel:

T trifft den Polizisten P in seinem Polizeiauto an, in dem der Beamte gerade ein Schläfchen hält. Da er schon immer mal mit einem solchen Auto fahren wollte, zerrt er P blitzschnell aus dem mit laufendem Motor abgestellten Fahrzeug. Für alle Fälle hatte T auch eine Pistole mitgenommen. T macht eine kurze Spazierfahrt und kehrt daraufhin zu P zurück, der verdutzt auf dem Parkplatz wartet. T gibt diesem – wie von Anfang an geplant – das Auto zurück und macht sich aus dem Staub.

Lösung nach h.L.: T kann mangels Zueignungsabsicht (kein Enteignungsvorsatz!) nicht wegen Raubes gemäß § 249 bestraft werden. Auch die §§ 253, 255 scheiden nach der h.L. aus: Der Gewahrsamswechsel geschah wegen der Anwendung von absoluter Gewalt *ohne Willen* des P. Zudem war T aus Sicht des P nicht auf dessen Mithilfe angewiesen. Daher fehlt es an einer Vermögensverfügung. Es bleibt bei einer Strafbarkeit des T aus § 240 (Nötigung), § 223 (Körperverletzung) und § 248b (Unbefugter Gebrauch eines Kraftfahrzeugs).

Lösung nach BGH: Auch nach der Rechtsprechung scheitert die Anwendung des § 249 daran, dass T nicht die Absicht hatte, sich das Polizeiauto zuzueignen. Allerdings kann nun auf den „Grundtatbestand" der räuberischen Erpressung zurückgegriffen werden. Denn eine Vermögensverfügung ist hiernach gerade *keine* Tatbestandsvoraussetzung der §§ 253, 255. Es genügt vielmehr, dass P die Wegnahme des Wagens duldete und der T in der Absicht stoffgleicher und rechtswidriger Bereicherung handelte. Damit ist auch die Qualifikation des § 250 I Nr. 1a (Pistole) anwendbar. T ist demnach wegen schwerer räuberischer Erpressung strafbar, §§ 253, 255, 250 I Nr. 1a. Die ebenfalls verwirklichten §§ 240, 248b treten im Wege der Gesetzeskonkurrenz zurück.

Anmerkung: Das vorgestellte Beispiel verdeutlicht die enorme praktische Relevanz des Meinungsstreits, da die jeweiligen Rechtsfolgen sich massiv unterscheiden. Die Rechtsprechung trägt insoweit vor, dass nur nach ihrer Auffassung gerecht bestraft würde (kriminalpolitisches Argument). Die h.L. hält dem entgegen, dass die bloße Gebrauchsanmaßung im deutschen Strafrecht gerade privilegiert sein sollte.

397

3. Vermögensnachteil

Vermögensnachteil = Vermögensschaden i.S.d. § 263 I

Sowohl bei der Erpressung als auch bei der räuberischen Erpressung muss dem Vermögen des Opfers ein Nachteil entstehen. Dieser Vermögensnachteil muss kausal auf dem erzwungenen Tun, Dulden oder Unterlassen beruhen. Grundsätzlich ist der Vermögensnachteil nach den gleichen Maßstäben wie der **Schaden des § 263 I** zu bestimmen (vgl. Rn. 345 ff.).

398

4. Subjektiver Tatbestand

Die (räuberische) Erpressung ist ein Delikt mit überschießender Innentendenz. Neben dem Vorsatz bezüglich aller objektiven Tatbestandsmerkmale muss der Täter die Absicht rechtswidriger und stoffgleicher Selbst- oder Drittbereicherung aufweisen.

Die Rechtswidrigkeit der Bereicherung muss wiederum vom Vorsatz des Täters getragen sein. Insoweit ergeben sich keine Unterschiede zum Betrug, vgl. Rn. 363 ff.

hemmer-Methode: Betrug und Erpressung weisen – wie gezeigt – viele Gemeinsamkeiten auf. Umso wichtiger ist es, die einschlägigen Definitionen sicher zu beherrschen.

D. Qualifikationen, §§ 250, 251 399

Die §§ 250, 251 enthalten Qualifikationstatbestände, welche sowohl für den Raub als auch für die räuberische Erpressung und den räuberischen Diebstahl gemäß § 252 gelten. Die Anwendbarkeit der strafschärfenden Merkmale auf die §§ 252, 255 ergibt sich aus der Formulierung, dass der Täter „gleich einem Räuber“ zu bestrafen ist.

I. Schwerer Raub, § 250 400

Tatbestandsqualifikation

§ 250 I und II stellt gegenüber den Grundtatbeständen der §§ 249, 252, 255 eine echte **Tatbestandsqualifikation** dar. Die (abschließenden) Qualifikationsmerkmale müssen daher stets vom Vorsatz des Täters umfasst sein.

1. Prüfungsschema, § 250 I, II 401

I. Grundtatbestand, §§ 249, 252 oder 255

II. Qualifikationstatbestand

1. **Objektiver Tatbestand des § 250 I oder II**
2. **Subjektiver Tatbestand: Vorsatz bezüglich des jeweiligen Qualifikationsmerkmals und bei § 250 I Nr. 1b zusätzlich Verwendungsabsicht**

III. Rechtswidrigkeit

IV. Schuld

2. Die einzelnen Tatbestandsmerkmale 402

§ 250 I

Bezüglich der Begehungsvarianten des **§ 250 I Nr. 1a und b** ergeben sich gegenüber der Auslegung der Merkmale des § 244 I Nr. 1a und b keine Besonderheiten, vgl. dazu Rn. 307 ff. Insbesondere erfasst § 250 I Nr. 1b auch sog. Scheinwaffen.

Außerdem ist mit Blick auf das hohe Mindeststrafmaß in besonders gelagerten Fällen (offensichtliche Ungefährlichkeit des Tatmittels – „Labello-Rechtsprechung") an eine teleologische Reduktion zu denken.[8]

§ 250 I Nr. 1c ist als **konkretes Gefährdungsdelikt** konstruiert. Straferschwerungsgrund ist das Verbringen des Tatopfers in die Gefahr einer schweren Gesundheitsschädigung **durch** den Raub, die räuberische Erpressung oder den räuberischen Diebstahl. Interessant ist vor allem das Merkmal „*durch* die Tat".

Nach der Rechtsprechung genügen als Anknüpfungspunkt für die Gefährdung alle Handlungen, die bereits das Versuchsstadium erreicht haben *bis* hin zur **Tatbeendigung** (str., anders die h.L.). Dies hat zur Konsequenz, dass nach der Rechtsprechung ein schwerer Raub i.S.d. §§ 249 I, 250 I Nr. 1c vorliegen kann, wenn in der Beutesicherungsphase Straßenpassanten während der Flucht des Täters mit einem Auto der konkreten Gefahr schwerer Gesundheitsschädigungen ausgesetzt werden.

Anmerkung: Voraussetzung ist hierfür nach BGH, dass die die Lebensgefahr verursachende Handlung noch von Beutesicherungsabsicht getragen ist, vgl. BGH, NJW 2010, 1892-1893 = Life&Law 2010, Heft 10, 675-680. Allgemein zu den prüfungsrelevanten Problemfeldern im Rahmen des Raubtatbestands vgl. die Darstellung von *Hauburger*, Life&Law 2010, Heft 8, 550, 558.

§ 250 II

Der Tatbestand § 250 II Nr. 1 – 3 enthält weitere Qualifikationen.

Hinsichtlich **§ 250 II Nr. 1** ist zu beachten, dass der Täter die Waffe oder das gefährliche Werkzeug tatsächlich verwenden muss, wobei das Werkzeug (i.S.d. § 250 I Nr. 1a) entweder als Gewalt- oder Drohmittel eingesetzt werden kann. Verwenden bedeutet *mehr* als bloßes Bei-sich-führen, weshalb ein Registrieren der Waffe am Gürtel des Täters durch das dadurch eingeschüchterte Opfer noch nicht ausreicht.

Der **Bandenraub mit Waffen** wird in **§ 250 II Nr. 2** geregelt, bei dem allerdings bereits das Bei-sich-führen einer Waffe im technischen Sinne genügt. Zum Begriff der „Bande" vgl. Rn. 315 ff.

8 Zur Vertiefung siehe Hemmer/Wüst, Strafrecht BT I, Rn. 66 f.

§ 250 II Nr. 3a und b erfasst den **Raub unter schwerer körperlicher Misshandlung** und den **lebensgefährlichen Raub**. Eine körperlich schwere Misshandlung ist gegeben, wenn die körperliche Integrität des Opfers mit erheblichen Folgen für die Gesundheit oder in einer Weise, die mit erheblichen Schmerzen verbunden ist, beeinträchtigt wird.

II. Raub mit Todesfolge, § 251 403

Erfolgsqualifikation

Der Raub mit Todesfolge ist eine **Erfolgsqualifikation**, die eingreift, wenn der Täter durch den Raub, die räuberische Erpressung oder den räuberischen Diebstahl wenigstens leichtfertig den Tod eines anderen Menschen verursacht hat.

1. Prüfungsschema, § 251 404

I. Grundtatbestand, §§ 249, 252 oder 255

II. Qualifikationstatbestand

1. Besonders schwere Folge: Tod eines anderen Menschen

2. Unmittelbarkeitszusammenhang

3. Wenigstens Leichtfertigkeit

2. Die einzelnen Tatbestandsmerkmale 405

Unmittelbarkeitszusammenhang

Die in § 251 gewählte Formulierung **„durch“** den Raub verdeutlicht, dass ein tatbestandsspezifischer Gefahrzusammenhang zwischen Grunddelikt und der schweren Folge des Todes erforderlich ist. Fraglich ist jedoch, ob die spezifische Gefährlichkeit auf den Einsatz der Nötigungsmittel oder die Wegnahme rückführbar sein muss.

Die h.M. fordert dabei eine **Unmittelbarkeitsbeziehung** zwischen Raubmitteleinsatz und Todesfolge, da die dem Raub eigentümliche Gefahr der Anwendung qualifizierter Nötigungsmittel und nicht der Wegnahme der Sache anhaftet. Diese restriktive Auslegung erscheint mit Blick auf das erheblich gesteigerte Strafmaß (lebenslänglich oder nicht unter zehn Jahren!) auch geboten.

Die Problematik zeigt sich an folgendem Beispiel:

> **Bsp.:** *T raubt dem O ein für diesen lebenswichtiges Medikament. O stirbt, weil er seine Medizin nicht rechtzeitig einnehmen konnte.*

Hier fehlt es am tatbestandsspezifischen Gefahrzusammenhang zwischen Grunddelikt (§ 249) und schwerer Folge (Tod des O). Demzufolge ist § 251 nicht anwendbar, auch wenn man von Leichtfertigkeit des T ausgehen kann. Realisiert hat sich schließlich kein raubtypisches, sondern ein mit der Wegnahme verbundenes allgemeines Risiko. T kann somit nur wegen Raubes in Tateinheit mit fahrlässiger Tötung bestraft werden.

Leichtfertigkeit

Abweichend von § 18 – wo jede Fahrlässigkeit genügt – verlangt § 251, dass der Tod eines anderen Menschen **„wenigstens leichtfertig“** herbeigeführt wird. Leichtfertigkeit bedeutet, dass der Täter besonders schwerwiegende Sorgfaltspflichtverletzungen begangen haben muss. Insoweit handelt es sich um eine gesteigerte Form der Fahrlässigkeit („grobe Fahrlässigkeit“). 406

Aus dem Begriff „wenigstens“ folgt, dass § 251 erst Recht Anwendung findet, wenn der Täter mit (bedingtem) Tötungsvorsatz handelt. Das Verhältnis zu den §§ 212, 211 ist dann auf Konkurrenzebene zu lösen, in bestimmten Fällen ist Tateinheit (§ 52) denkbar.

3. Raub mit Todesfolge und AT- Probleme 407

§ 251 und Versuch

Bezüglich der Normen des Allgemeinen Teils ist vor allem die Frage interessant, ob § 251 i.S.d. § 22 versucht werden kann. Grundsätzlich stehen dem Versuch einer Erfolgsqualifikation keine rechtlichen Bedenken entgegen. Jedenfalls ordnet **§ 11 II** an, dass sog. (uneigentliche) Vorsatz-Fahrlässigkeits-Kombinationen als Vorsatzdelikte zu behandeln sind. Dadurch wird die Versuchsstrafbarkeit begrifflich möglich.

Zwei Konstellationen müssen dabei unterschieden werden:

a) Versuch der Erfolgsqualifikation 408

Vom *Versuch der Erfolgsqualifikation* spricht man, wenn das Grunddelikt (versucht oder) vollendet ist, die schwere Folge vom Täter zwar gewollt, aber nicht eingetreten ist. Diese Fallgruppe erweist sich als unproblematisch.

> ***Bsp.:*** *T begeht einen Raub, wobei er mit einem Brecheisen auf sein Opfer O einschlägt und dessen Tod billigend in Kauf nimmt. O überlebt.*

Hier ist T (neben versuchten Totschlags) nicht nur wegen vollendeten schweren Raubes (§§ 249, 250, 22, 23 I) zu bestrafen. Hinzu kommt ein versuchter Raub mit Todesfolge, §§ 251, 22, 23 I.

b) Erfolgsqualifizierter Versuch 409

Ein *erfolgsqualifizierter Versuch* liegt vor, wenn das Grunddelikt im Versuchsstadium stecken geblieben, die qualifizierende Folge jedoch bereits eingetreten ist.

Eine Versuchsstrafbarkeit kann nach der Deliktsstruktur des § 251 nur unter der Voraussetzung angenommen werden, dass als Anknüpfungspunkt für die notwendige Unmittelbarkeitsbeziehung die **spezifische Gefährlichkeit der Nötigungshandlung (Verhaltensunrecht)** in Betracht kommt. Wie bereits unter Rn. 405 gezeigt, ist das beim Raub gerade der Fall, weil dabei die eigentümliche Gefahr nicht der Wegnahme, sondern der Anwendung von Gewalt bzw. Drohung anhaftet.

Bsp.: *T bedroht den O mit einer Schusswaffe, um ihn auszurauben. Dabei löst sich versehentlich ein Schuss, der den O tödlich trifft.*

In der Brieftasche des toten O befindet sich allerdings kein Geld, so dass T – ohne etwas weggenommen zu haben – den Ort des Geschehens verlässt.

Hier ist T wegen versuchten schweren Raubes mit Todesfolge gemäß §§ 249 I, 250 I, 251, 22, 23 I, 12 I strafbar. Daneben ist T auch wegen einer fahrlässigen Tötung gemäß § 222 strafbar.

Konstellation Versuch / Erfolgsqualifikation

	Grundtatbestand	Erfolgsqualifikation
Erfolgsqualifizierter Versuch	versucht	verwirklicht
Versuch der Erfolgsqualifikation	versucht	versucht
	vollendet	versucht

hemmer-Methode: Bei der Frage nach der Strafbarkeit des erfolgsqualifizierten Versuchs handelt es sich um eine anspruchsvolle Problematik, die den Studenten der ersten Semester oftmals Schwierigkeiten bereitet.
Die Thematik kann aber in Zusammenhang mit allen Erfolgsqualifikationen (z.B. §§ 226, 227) auftauchen. Folglich erscheint es sinnvoll, sich einmal intensiv mit der Fragestellung auseinanderzusetzen. Zur Vertiefung lesen Sie Hemmer/Wüst, Strafrecht AT II, Rn. 33 ff.

III. Räuberischer Diebstahl, § 252 *410*

Der räuberische Diebstahl ist ein selbständiges raubähnliches Delikt, dass im Gegensatz zum Raub die Gewaltanwendung **nach** Gewahrsamsbegründung durch den Täter mit Strafe bedroht. § 252 ist demnach einschlägig, wenn die qualifizierten Nötigungsmittel nicht der Wegnahme dienen, sondern zum Zwecke der Beuteerhaltung – also nach Vollendung – eingesetzt werden.

Dies ergibt sich aus dem Wortlaut des § 252. Denn in subjektiver Hinsicht muss der Täter handeln, um sich im Besitz des „gestohlenen" (!) Gutes zu erhalten.

Aus dem Erfordernis der „Beuteerhaltungsabsicht" ergibt sich außerdem die Einordnung des räuberischen Diebstahls als **Delikt mit überschießender Innentendenz**. Für § 252 gelten – wie bereits oben ausgeführt – ebenfalls die Qualifikationstatbestände, §§ 250, 251.

1. Prüfungsschema, § 252 *411*

I. Tatbestand

- **1. Objektiver Tatbestand**
  - **a)** Gewalt gegen eine Person oder Drohung mit gegenwärtiger Gefahr für Leib oder Leben (qualifizierte Nötigungsmittel)
  - **b)** bei einem (vollendeten) Diebstahl (oder Raub)
  - **c)** auf frischer Tat betroffen
- **2. Subjektiver Tatbestand**
  - **a)** Vorsatz bezüglich **a)** bis **c)**
  - **b)** Besitzerhaltungsabsicht

II. Rechtswidrigkeit

III. Schuld

2. Die einzelnen Tatbestandsmerkmale 412

Einen räuberischen Diebstahl begeht, wer, bei einem Diebstahl auf frischer Tat betroffen, gegen eine Person Gewalt verübt oder Drohungen mit gegenwärtiger Gefahr für Leib oder Leben anwendet, um sich im Besitz des gestohlenen Guts zu erhalten.

Qualifizierte Nötigungsmittel

Bezüglich der **qualifizierten Nötigungsmittel** kann auf Rn. 378 ff. verwiesen werden.

Bei einem Diebstahl auf frischer Tat betroffen

Die Raubmittel müssen **bei** einem Diebstahl eingesetzt werden. Als Vortat genügt allerdings auch ein **vollendeter** Raub, da bei einem Raub stets ein Diebstahl mit enthalten ist. Auf „frischer Tat betroffen" ist, wer bei der Tatausführung oder Tatvollendung von einem Unbeteiligten bemerkt wird.

Beuteerhaltungsabsicht

Beuteerhaltungsabsicht ist gekennzeichnet durch den zielgerichteten Willen des Täters, eine Gewahrsamsentziehung zu verhindern. Daran fehlt es insbesondere in den Fällen, in denen der Täter auf der Flucht die Beute wegwirft, um den Verfolgern leichter entkommen zu können.

Sie haben es geschafft! Beachten Sie allerdings, dass es allein mit einem einfachen Durchlesen eines Skripts nicht getan ist. Vielmehr kommt es nun darauf an, das Erlernte zu wiederholen und anhand von Fällen die konkrete Anwendung einzuüben.
Dadurch verschaffen Sie sich die nötige Sicherheit, um in der Prüfungssituation auch unbekannte Fälle einer sachgerechten Lösung zuzuführen. Machen Sie sich dabei bewusst, dass bei den – in Prüfungen häufig anzutreffenden – schwierigen Grenzfällen es weniger auf das „richtige" Ergebnis ankommt, als auf eine saubere juristische Argumentationstechnik. Wenn Sie diese beherrschen und das nötige Basiswissen aufweisen, steht Ihrem Erfolg nichts mehr im Wege!

Die Zahlen verweisen auf die Randnummern des Skripts

Die wichtigsten Fälle

FALLSAMMLUNG

DIE 34 WICHTIGSTEN FÄLLE STRAFRECHT AT

Klassische Probleme zum Strafrecht AT sind in dieser Fallsammlung aufbereitet.

Der Einstieg in die richtige Bearbeitung von Fällen wird durch den einleitenden Teil „Allgemeines zur Klausurentechnik" geboten. Die Fallsammlung ist verständlich und knapp gehalten. Die Einordnung bietet einen Überblick über den Schwerpunkt des Falls. Die Gliederung ermöglicht die exakte Einordnung der Probleme in der Lösung. Die Lösung ist Formulierungsvorschlag für die Klausur. Lernen Sie die wichtigsten Probleme zum Strafrecht AT nicht isoliert ohne Bezug zum Fall. Erarbeiten Sie sich Ihr Wissen anwendungsspezifisch mit dieser Fallsammlung. Denken Sie frühzeitig an den Korrektor und überzeugen Sie ihn durch Ihre systematische Fallbearbeitung. Aus über 35-jähriger Erfahrung wissen wir, was von Ihnen in Klausur und Hausarbeit erwartet wird.

- **Allgemeines zur Klausurentechnik**
- **In den Fällen insbesondere:**
  - **- Irrtümer**
  - **- Rechtfertigungsgründe**
  - **- Versuch**
  - **- Täterschaft und Teilnahme**

Kapitel II: Tatbestand

Fall 1: Der spätere Tod

Sachverhalt:

Bearbeitervermerk:

A. Einordnung

b) Kausalität

c) Objektive Zurechenbarkeit

II. Mord, §§ 212 I, 211 I, II StGB

III. Konkurrenzen

Das Erfolgsprogramm - Ihr Training für Klausur und Hausarbeit

Die wichtigsten Fälle

FALLSAMMLUNG

DIE 44 WICHTIGSTEN FÄLLE VERWALTUNGSRECHT

In 44 Fällen haben wir für Sie klassische Probleme des Verwaltungsrechts für Klausur und Hausarbeit systematisch aufbereitet. Diese Fallsammlung ist einfach, verständlich und knapp gehalten. Zum Aufbau: Die Einordnung im Anschluss an den Sachverhalt erleichtert Ihnen den Zugang zu den jeweiligen Problemfeldern. Problem erkannt – Gefahr gebannt. Die Gliederung ermöglicht eine schnelle Übersicht. Die Musterlösungen dienen als Formulierungshilfen für Ihre Klausur. Bereichsübergreifende Hinweise dienen dem Verständnis. Nur so vernetzen Sie frühzeitig gelerntes Wissen. Auf diese Weise können Sie in kürzester Zeit die wichtigsten Probleme zum Verwaltungsrecht anwendungsspezifisch erlernen. Als Profis mit langjähriger Erfahrung und Erfolg wissen wir, was von Ihnen in Klausur und Hausarbeit erwartet wird.

- **Anfechtungsklage**
- **Verpflichtungsklage**
- **Fortsetzungsfeststellungsklage**
- **Allgemeine Leistungs-/ Feststellungsklage**
- **Normenkontrolle**

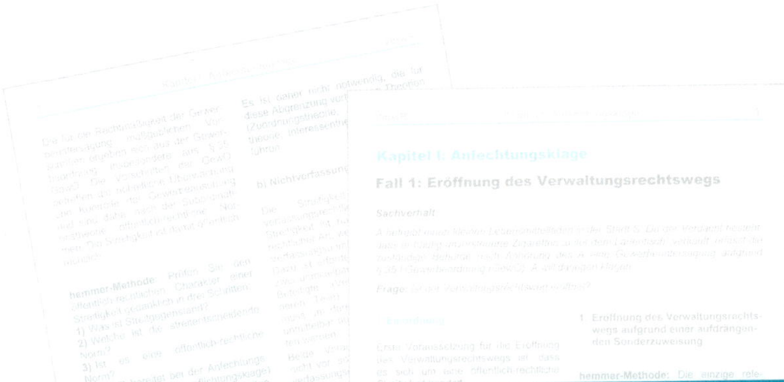

Das Erfolgsprogramm - Ihr Training für Klausur und Hausarbeit

hemmer/wüst Verlagsgesellschaft mbH
Mergentheimer Str. 44 / 97082 Würzbur
Tel.: 09 31 /7 97 82 38 / Fax: 09 31/7 97 82 4
Internet: www.hemmer-shop.de

REIHE INTELLIGENTES LERNEN

ISBN 978-3-86193

Grundwissen für Anfangssemester

			Auflage/Jahr/Euro
GW10	(-460-8)	BGB-AT Theorieband zu den wicht. Fällen	8.A/16 · 9,90
GW11	(-481-3)	SchuldR-AT Theorieband zu den wicht. Fällen	7.A/16 · 9,90
GW12	(-457-8)	SchuldR-BT I Theorieband zu den wicht. Fällen	7.A/16 · 9,90
GW13	(-399-1)	SchuldR-BT II Theoriebd. zu den wicht. Fällen	6.A/15 · 9,90
GW14	(-357-1)	Sachenrecht I Theorieband zu den wicht. Fällen	6.A/15 · 9,90
GW15	(-455-4)	Sachenrecht II Theorieband zu den wicht. Fällen	6.A/16 · 9,90
GW20	(-525-4)	Strafrecht AT Theorieband zu den wicht. Fällen	7.A/16 · 9,90
GW21	(-301-4)	Strafrecht BT Theorieband zu den wicht. Fällen	5.A/14 · 9,90
GW30	(-545-2)	StaatsR Theorieband zu den wicht. Fällen	7.A/17 · 9,90
GW31	(-523-0)	VerwaltungsR Theorieband zu den wicht. Fällen	7.A/16 · 9,90

Die wichtigsten Fälle

DF0	(-198-0)	**Sonderband:** Der Streit- und Meinungsstand im neuen Schuldrecht	5.A/13 · 14,80
DF1	(-493-6)	76 Fälle - BGB AT	9.A/16 · 12,80
DF2	(-386-1)	55 Fälle - Schuldrecht AT	9.A/15 · 12,80
DF3	(-456-1)	51 Fälle - Schuldrecht BT - Kauf/WerkV	9.A/16 · 12,80
DF4	(-518-6)	42 Fälle - GoA/Bereicherungsrecht	9.A/16 · 12,80
DF5	(-345-8)	45 Fälle - Deliktsrecht	7.A/14 · 12,80
DF6	(-517-9)	44 Fälle - Verwaltungsrecht	9.A/16 · 12,80
DF25	(-400-4)	30 Fälle - Verwaltungsrecht BT Bayern	4.A/15 · 12,80
DF7	(-453-0)	32 Fälle - Staatsrecht	10.A/16 · 12,80
DF8	(-510-0)	34 Fälle - Strafrecht AT	10.A/16 · 12,80
DF9	(-551-3)	44 Fälle Strafrecht BT I - Vermögensd.	10.A/17 · 12,80
DF10	(-377-9)	44 Fälle Strafrecht BT II - Nicht-Vermögensd.	8.A/15 · 12,80
DF11	(-461-5)	50 Fälle - Sachenrecht I	8.A/16 · 12,80
DF12	(-494-3)	43 Fälle - Sachenrecht II - ImmobiliarSR	9.A/16 · 12,80
DF13	(-567-4)	40 Fälle - ZPO I - Erkenntnisverfahren	8.A/17 · 12,80
DF14	(-485-1)	25 Fälle - ZPO II - ZwangsvollstreckungsV	7.A/16 · 12,80
DF15	(-423-3)	35 Fälle - Handelsrecht	7.A/15 · 12,80
DF16	(-506-3)	36 Fälle - Erbrecht	7.A/16 · 12,80
DF17	(-489-9)	26 Fälle - Familienrecht	8.A/16 · 12,80
DF18	(-416-5)	32 Fälle - Gesellschaftsrecht	6.A/15 · 12,80
DF19	(-515-5)	39 Fälle - Arbeitsrecht	7.A/16 · 12,80
DF20	(-533-9)	35 Fälle - Strafprozessrecht	6.A/16 · 12,80
DF21	(-428-8)	23 Fälle - Europarecht	5.A/15 · 12,80
DF22	(-422-6)	10 Fälle - Musterkl. Examen ZivilR	7.A/15 · 14,80
DF23	(-475-2)	10 Fälle - Musterkl. Examen StrafR	6.A/16 · 14,80
DF24	(-391-5)	8 Fälle - Musterkl. Examen SteuerR	8.A/15 · 14,80

Skripten Basics (110)

BI/1	(-448-6)	Zivilrecht I - BGB AT u.vertragl. SchuldV	10.A/16 · 16,90
BI/2	(-454-7)	Zivilrecht II - Sachenrecht/gesetzl. SV	8.A/16 · 16,90
BI/3	(-442-4)	Zivilrecht III - FamilienR/ErbR	8.A/15 · 16,90
BI/4	(-364-9)	Zivilrecht IV - ZivilprozessR	8.A/15 · 16,90
BI/5	(-486-8)	Zivilrecht V - Handels-/GesellschR	8.A/16 · 16,90
BI/6	(-522-3)	Zivilrecht VI - ArbeitsR	6.A/16 · 16,90
BII	(-542-1)	Strafrecht	7.A/17 · 16,90
BIII/1	(-268-0)	Öffentliches Recht I -VerfassR/StaatsHR	6.A/14 · 16,90
BIII/2	(-388-5)	Öffentliches Recht II - VerwaltungsR	7.A/15 · 16,90
BIV	(-403-5)	Steuerrecht - EstG & AO	9.A/15 · 16,90
BV	(-512-4)	Europarecht	9.A/16 · 16,90

ISBN 978-3-86193

Skripten Zivilrecht (120)

			Auflage/Jahr
1	(-415-8)	BGB-AT I, Ensteh.d.Primäranspruchs	14.A/15 · 1
2	(-479-0)	BGB-AT II, Scheitern des Primäranspr.	14.A/16 · 1
3	(-343-4)	BGB-AT III, Erlösch.d. Primäranspruchs	13.A/14 · 1
4	(-278-9)	Schadensersatzrecht I	8.A/14 · 1
5	(-492-9)	Schadensersatzrecht II	7.A/16 · 1
6	(-532-2)	Schadensersatzrecht III (§§ 249 ff.)	12.A/17 · 1
7	(-342-7)	Verbraucherschutzrecht	4.A/14 · 1
51	(-443-1)	Schuldrecht AT	10.A/15 · 1
52	(-359-5)	Schuldrecht BT I	9.A/15 · 1
53	(-563-6)	Schuldrecht BT II	10.A/17 · 1
8	(-519-3)	Bereicherungsrecht	15.A/16 · 1
9	(-321-2)	Deliktsrecht I	12.A/14 · 1
10	(-203-1)	Deliktsrecht II	9.A/13 · 1
11	(-447-9)	Sachenrecht I	13.A/15 · 1
12	(-465-3)	Sachenrecht II	11.A/16 ·
12A	(-378-6)	Sachenrecht III	12.A/15 · 1
13	(-564-3)	Kreditsicherungsrecht	12.A/17 · 1
14	(-483-7)	Familienrecht	13.A/16 ·
15	(-459-2)	Erbrecht	13.A/16 ·
16	(-313-7)	Zivilprozessrecht I	12.A/14 ·
17	(-317-5)	Zivilprozessrecht II	11.A/14 ·
18	(-433-2)	Arbeitsrecht	15.A/15 ·
19A	(-462-2)	Handelsrecht	11.A/16 ·
19B	(-360-1)	Gesellschaftsrecht	13.A/15 ·
31	(-450-9)	Herausgabeansprüche	7.A/16 ·
32	(-254-3)	Rückgriffsansprüche	7.A/13 ·

Skripten Strafrecht (120)

20	(-511-7)	Strafrecht AT I	13.A/16 ·
21	(-385-4)	Strafrecht AT II	12.A/15 ·
22	(-355-7)	Strafrecht BT I	12.A/14 ·
23	(-392-2)	Strafrecht BT II	12.A/15 ·
30	(-374-8)	Strafprozessordnung	11.A/15 ·

Skripten Öffentliches Recht (120/130)

24	(-478-3)	Verwaltungsrecht I	13.A/16 ·
25	(-380-9)	Verwaltungsrecht II	12.A/15 ·
26	(-347-2)	Verwaltungsrecht III	12.A/14 ·
27	(-524-7)	Staatsrecht I	12.A/16 ·
28	(-287-1)	Staatsrecht II	9.A/14 ·
29	(-463-9)	Europarecht	12.A/16 ·
40	(-335-9)	Staatshaftungsrecht	4.A/14 ·
33	(-369-4)	Baurecht/Bayern	11.A/15 ·
33	(-505-6)	Baurecht/Nordrhein-Westfalen	9.A/16 ·
33	(-435-6)	Baurecht/Baden-Württembg.	4.A/15 ·
33	(-331-1)	Baurecht/Hessen	2.A/14 ·
33	(-847-0)	Baurecht/Saarland	1.A/08 ·
34	(-327-4)	Polizeirecht Bayern	10.A/14 ·
34	(-097-6)	Polizei- u. Ordnungsrecht/NRW	5.A/12 ·
34	(-432-5)	Polizeirecht/Baden-Württembg.	4.A/15 ·
34	(-417-2)	Polizei- u. Ordnungsrecht/Hessen	2.A/15 ·
34	(-028-0)	Polizei- u. Ordnungsrecht/Rheinl.-Pfalz	1.A/11 ·
34	(-877-7)	Polizei- u. Sicherheitsrecht/Saarland	1.A/09 ·
35	(-371-7)	Kommunalrecht/Bayern	10.A/15 ·
35	(-076-1)	Kommunalrecht/NRW	8.A/11 ·
35	(-541-4)	Kommunalrecht/Baden-Württembg.	5.A/17 ·

hemmer/wüst
Verlagsgesellschaft mbH

Mergentheimer Str. 44 / 97082 Würzburg
Tel.: 09 31 /7 97 82 38 / Fax: 09 31/7 97 82 40
Internet: www.hemmer-shop.de

ISBN 978-3-86193 — Auflage/Jahr/Euro

Lexikon/Definitionen

(-288-8)	Definitionen Strafrecht - schnell gemerkt	4.A/14 · 19,90
(-065-5)	Legal terms für Juristen - Fachwörterbuch Englisch - Deutsch	1.A/11 · 19,90

Skripten Schwerpunkt (120)

(-429-5)	Kriminologie	7.A/15 · 21,90
(-245-1)	Völkerrecht	8.A/13 · 21,90
(-349-6)	Kapitalgesellschaftsrecht	5.A/14 · 21,90
(-243-7)	Rechtsgeschichte I	3.A/13 · 21,90
(-119-5)	Rechtsgeschichte II	2.A/12 · 21,90
1 (-085-3)	Rechts- und Staatsphilosophie sowie Rechtssoziologie	2.A/11 · 21,90
2 (-183-6)	Insolvenzrecht	3.A/12 · 21,90

Skripten Steuerrecht (120)

(-528-5)	Abgabenordnung	9.A/16 · 21,90
(-267-3)	Einkommensteuerrecht	8.A/14 · 21,90

Skripten für BWL´er, WiWi & Steuerberater

(-430-1)	PrivatR f. BWL'er, WiWi & Steuerberat	8.A/15 · 19,90
(-102-7)	Ö-Recht f. BWL'er, WiWi & Steuerberat	4.A/12 · 19,90
(-480-9)	Musterkl. für's Vordiplom PrivatR	2.A/04 · 19,90
(-197-6)	Musterkl. für's Vordiplom Ö-R	1.A/00 · 19,90
1 (-472-1)	Die 74 wicht. Fälle (BGB AT, SchuldR AT/BT)	5.A/16 · 19,90
2 (-247-5)	Die 44 wicht. Fälle (GoA, BerR, GesR, ...)	2.A/13 · 19,90

Skripten Fachbegriffe & Erläuterungen

(-146-1)	Mikroökonomie & Makroökonomie	1.A/12 · 19,90
(-147-8)	Buchführung/Jahresabschl./Rechnungsw.	1.A/12 · 19,90
(-151-5)	HandelsR/GesellschaftsR/WirtschaftsR	1.A/12 · 19,90
(-152-2)	Öffentl. Recht/EuropaR/VölkerR	1.A/12 · 19,90

Basics Karteikarten

(-329-8)	Basics - Zivilrecht	6.A/14 · 16,90
2 (-441-7)	Basics - Strafrecht	4.A/15 · 16,90
3 (-320-5)	Basics - Öffentliches Recht	4.A/14 · 16,90

Karteikarten Zivilrecht

1 (-408-0)	BGB-AT I	9.A/15 · 16,90
2 (-496-7)	BGB-AT II	8.A/16 · 16,90
3 (-539-1)	Schuldrecht AT I	10.A/17 · 16,90
4 (-507-0)	Schuldrecht AT II	8.A/16 · 16,90
5 (-476-9)	Schuldrecht BT I (Kauf-u.WerkVR)	8.A/16 · 16,90
6 (-480-6)	Schuldrecht BT II	7.A/16 · 16,90
7 (-464-6)	Arbeitsrecht	5.A/16 · 16,90
8 (-413-4)	Bereicherungsrecht	7.A/15 · 16,90
9 (-531-5)	Deliktsrecht	7.A/16 · 16,90
11 (-484-4)	Sachenrecht I	9.A/16 · 16,90
12 (-482-0)	Sachenrecht II	8.A/16 · 16,90
13 (-495-0)	Kreditsicherungsrecht	4.A/16 · 16,90
14 (-336-6)	Familienrecht	4.A/14 · 16,90
15 (-188-1)	Erbrecht	4.A/13 · 16,90
16 (-566-7)	ZPO I	7.A/17 · 16,90
17 (-491-2)	ZPO II	6.A/16 · 16,90
18 (-358-8)	Handelsrecht	5.A/14 · 16,90
19 (-383-0)	Gesellschaftsrecht	6.A/15 · 16,90

ISBN 978-3-86193 — Auflage/Jahr/Euro

Die Shorties (Minikarteikarten) inkl. Box

SH1 (-498-1)	**Box 1:** BGB AT, Schuldrecht AT	9.A/16 · 24,90
SH2/I (-326-7)	**Box 2/1:** vertragliches Schuldrecht	5.A/14 · 24,90
SH2/II (-514-8)	**Box 2/2:** gesetzliches Schuldrecht	6.A/16 · 24,90
SH3 (-405-9)	**Box 3:** Sachenrecht, ErbR, FamR	7.A/15 · 24,90
SH4 (-547-6)	**Box 4:** ZPO I/II, GesellschaftsR, HGB	7.A/17 · 24,90
SH5 (-446-2)	**Box 5:** Strafrecht	9.A/15 · 24,90
SH6 (-537-7)	**Box 6:** Grundrecht, StaatsOrgR, BauR, u.a.	8.A/17 · 24,90
SH7 (-534-6)	**Box 7:** EuropaR, StaatshaftungsR	1.A/16 · 24,90
SH8 (-513-1)	**Box 8:** ArbeitsR, StPO	1.A/16 · 24,90

Karteikarten Strafrecht

KK20 (-540-7)	Strafrecht AT I	9.A/17 · 16,90
KK21 (-376-2)	Strafrecht-AT II	8.A/15 · 16,90
KK22 (-488-2)	Strafrecht-BT I	9.A/16 · 16,90
KK23 (-410-3)	Strafrecht-BT II	8.A/15 · 16,90
KK24 (-409-7)	StPO	6.A/15 · 16,90

Karteikarten Öffentliches Recht

KK25 (-538-4)	Verwaltungsrecht I	9.A/17 · 16,90
KK26 (-348-9)	Verwaltungsrecht II	6.A/14 · 16,90
KK27 (-352-6)	Verwaltungsrecht III	6.A/14 · 16,90
KK28 (-389-2)	Staats- u. Verfassungsrecht	9.A/15 · 16,90
KK29 (-470-7)	Europarecht	4.A/16 · 16,90

Überblickskarteikarten

ÜK I (-477-6)	BGB im Überblick I	12.A/16 · 30,00
ÜK II (-536-0)	BGB im Überblick II (Nebengebiete)	8.A/17 · 30,00
ÜK III (-469-1)	StrafR im Überblick	9.A/16 · 30,00
ÜK IV (-467-7)	Öffentl.-R im Überblick	10.A/16 · 19,90
ÜK V (-487-5)	Öffentl.-R im Überblick II Bayern	8.A/16 · 19,90
ÜK VI (-468-4)	Öffentl.-R im Überblick II NRW	3.A/16 · 19,90
ÜK VII (-242-0)	Europarecht	5.A/13 · 19,90

Assessor-Basics/Theoriebände (410)

A IV (-401-1)	Die zivilrechtl. Anwaltsklausur/Teil 1	11.A/15 · 19,90
A VII (-543-8)	Das Zivilurteil	12.A/17 · 19,90
A VIII (-544-5)	Die Strafrechtskl. im Assessorexamen	8.A/17 · 19,90
A IX (-412-7)	Die Assessorklausur Öffentl. Recht	6.A/15 · 19,90

Assessor-Basics/Klausurentraining

A I (-471-4)	Zivilurteile	17.A/16 · 19,90
A II (-535-3)	Arbeitsrecht	15.A/17 · 19,90
A III (-411-0)	Strafrecht	12.A/15 · 19,90
A V (-396-0)	Zivilrechtl. Anwaltsklausuren/Teil 2	11.A/15 · 19,90
A VI (-390-8)	Öff.rechtl. u. strafrechtl.Anwaltskl.	6.A/15 · 19,90

Assessorkarteikarten

AK I (-353-3)	Zivilprozessrecht im Überblick	6.A/14 · 19,90
AK II (-516-2)	Strafprozessrecht im Überblick	8.A/16 · 19,90
AK III (-384-7)	Öffentliches Recht im Überblick	5.A/15 · 19,90
AK IV (-195-9)	Familien- und Erbrecht im Überblick	2.A/13 · 19,90

hemmer/wüst
Verlagsgesellschaft mbH
Mergentheimer Str. 44 / 97082 Würzbur
Tel.: 09 31 /7 97 82 38 / Fax: 09 31/7 97 82 4
Internet: www.hemmer-shop.de

Sonderartikel

Euro

Lernkarteikartenbox (28.01)

LB ______ Die praktische Lernbox für die Karteikarten 1,99

S 810 ______ Din A4, 80 Blatt 10er Pack 17,50

S1 ______ **Der Referendar (70.01)**
24 Monate zwischen Genie und Wahnsinn (Format A6) 9,80

S2 ______ **Der Rechtsanwalt (70.02)**
Meine größten Rein-) Fälle (Format A6) 9,80

S3 ______ **Der Jurist (70.03)**
Ein Lehrbuch für Leader (Format A6) 9,80

S5 ______ **Coach dich! (70.05)**
Psychologischer Ratgeber 19,80

S6 ______ **Lebendiges Reden (70.06)**
Psychologischer Ratgeber inkl. Audio-CD 21,80

S7 ______ **NLP für Einsteiger (71.01)**
Psychologischer Ratgeber 12,80

S8 ______ **Prüfungen als Herausforderung (70.08)**
Psychologischer Ratgeber 14,80

______ **Wiederholungsmappe (75.01)** 9,90
Intelligentes Lernen
inkl. Handbuch und Kurzskript

______ **Ordner hemmer.group (88.20)** 2,50
Ringbuchmappe für Einlagen, DIN A4

(-200-0) ______ **Die wahren Paradiese - 15 traumhafte Gärten** 39,80
Gebunden (Hardcover) mit Schutzumschlag, 208 Seiten
(275 x 255 mm)

(-500-1) ______ **Vom „Baumeland“ zum Traumgarten** 34,80
Ein ländlicher Garten mit mediterranem Charme
Gebunden (Hardcover) mit Schutzumschlag, 180 Seiten
(275 x 255 mm) - 1. Auflage Mai 2016
Ein Buch über den eigenen Garten
Die intensive Beschäftigung mit dem Thema Garten seit mehr als zwanzig Jahren, all die Tätigkeiten im Jahreslauf, das Erleben der Natur und die Erfahrungen, die ich gemacht habe, fließen in dieses Werk über unseren Garten ein. Es werden sowohl die Entstehung der Gartenanlage als auch die vier Jahreszeiten mit den dazugehörenden Aufgaben im Garten beschrieben.

Life&Law

Eu

______ Einzelheft der Life&LAW 6,8

AboLL ______ Abonnement der Life&LAW
Life&Law 3 Monate kostenfrei,
danach erhalten Sie die Life&Law zum Preis von 5,8

LLJ ______ Life&LAW Jahrgangsband 1999 - 2015
______ bitte Jahrgang eintragen je 50,0

LLJ14 ______ Life&LAW Jahrgangsband 2016 80,0

LLE ______ Einband für Life&LAW Jahrgang je 6,0

Die AnwaltsBasics

978-3-9813969-0-4 ______ **Die AnwaltsBasics Erbrecht**
1. Auflage, November 2010, 429 S. 39,9

978-3-9813969-5-9 ______ **Die AnwaltsBasics Mediation**
erweiterte 2. Auflage, November 2013, 237 S. 23,9

Endsumme:

Lieferung erfolgt in aktueller Auflage

Kundennummer D

Prüfen Sie in Ruhe zuhause!
Alle Produkte dürfen innerhalb von 14 Tagen an den Verlag (Originalzustand) zurückgeschickt werden. Es wird ein uneingeschränktes gesetzliches Rückgaberecht gewährt. Hinweis: Der Besteller trägt bei einem Bestellwert bis 40 Euro die Kosten der Rücksendung. Über 40 Euro Bestellwert trägt er ebenfalls die Kosten, wenn zum Zeitpunkt der Rückgabe noch keine (An-) Zahlung geleistet wurde.

Die Lieferung erfolgt (ausschließlich innerhalb Deutschlands) versandkostenfrei an Ihre angegebene Adresse.
Ich weiß, dass meine Bestellung nur bearbeitet wird, wenn ich zum Einzug ermächtige. Bestellungen auf Rechnung können nicht berücksichtigt werden.
Bei fehlerhaften oder unleserlichen Angaben, sowie einer Rücklastschrift aufgrund Nichtdeckung meines Kontos wird der branchenübliche Schaden in Rechnung gestellt. Der Kunde ist berechtigt, diesem Pauschalbetrag den Nachweis entgegenzuhalten, dass nur ein geringerer Schaden entstanden ist. Die Lieferung erfolgt unter Eigentumsvorbehalt.

Name: ______________________ Vorname: ______________________

Adresse: ____

Telefon: ______________________ e-mail-adresse: ______________________

Buchen Sie die Endsumme von meinem Konto ab:

Konto-Nr.: ______________________ Bankleitzahl: ______________________

Bank: ______________________ BIC: ______________________

IBAN: | | | | | | | | | | | | | | | | | | | | | | |

Ort, Datum: ______________________ Unterschrift: ______________________